Orquídeas

Orquídeas

WILMA Y BRIAN RITTERSHAUSEN   FOTOGRAFÍAS DE LINDA BURGESS   **BLUME**

BLUME

Título original:
Orchids

Traducción:
Joan Trujillo Parra

Revisión científica de la edición en lengua española:
Dr. F. Xavier Sans Serra
Departamento de Biología Vegetal
Unidad de Botánica
Facultad de Biología
Universidad de Barcelona

Coordinación de la edición en lengua española:
Cristina Rodríguez Fischer

Primera edición en lengua española 2007

© 2007 Naturart, S.A. Editado por Blume
Av. Mare de Déu de Lorda, 20
08034 Barcelona
Tel. 93 205 40 00 Fax 93 205 14 41
E-mail: info@blume.net
© 2005 Quadrille Publishing Limited, Londres

I.S.B.N.: (10) 84-8076-608-5
I.S.B.N.: (13) 978-84-8076-608-1

Impreso en China

CONSULTE EL CATÁLOGO DE PUBLICACIONES ON-*LINE*
INTERNET: HTTP://WWW.BLUME.NET

Contenido

Introducción

Las orquídeas son la familia de plantas con flor más diversa del planeta y se encuentran en hábitats que varían desde desiertos hasta selvas tropicales. En el pasado fueron un lujo que sólo disfrutaban los intrépidos «cazadores de orquídeas», pero la producción a gran escala de hoy día ha puesto estas fascinantes plantas al alcance de todo el mundo. Las orquídeas que aparecen en este libro son fáciles de encontrar y de cuidar en el hogar, donde sus exquisitas flores otorgarán años de satisfacción a cambio de unas mínimas atenciones.

¿Qué hace especiales a las orquídeas?

La mayoría de las orquídeas tropicales son plantas epifitas en condiciones naturales, es decir, que crecen en el tronco y las ramas de los árboles, a los que adoptan como su hogar, para hallarse más cerca de la luz y el aire fresco. Absorben agua del aire a través de raíces aéreas, sin causar ningún daño a los árboles. Son más variadas que las orquídeas terrestres, sobre todo en lo que se refiere a sus flores, las más vistosas y exuberantes que se pueden ver en las selvas tropicales.

Las orquídeas epifitas pueden crecer de dos formas. Algunas poseen pseudobulbos de distintas formas y tamaños, mientras que otras tienen hojas gruesas y carnosas. Los pseudobulbos son tallos hinchados donde la orquídea almacena agua. Pueden ser redondos, cónicos o alargados en forma de tallos largos o «cañas», según el género. Están unidos por un rizoma duro y leñoso. En cada período de crecimiento el tamaño de la planta aumenta. Cada pseudobulbo puede tener una hoja o varias, que en algunas plantas son largas y estrechas y en otras cortas y gruesas. Cada año nacen flores nuevas en los tallos florales que brotan del pseudobulbo o directamente de la base.

Las orquídeas con follaje grueso y carnoso, como las *Phalaenopsis*, tienen un único rizoma que crece en dirección ascendente. Del centro van brotando hojas nuevas hasta que se erige una capa de follaje protector. Las hojas gruesas retienen el agua, como hacen los pseudobulbos.

Las flores

Las flores de orquídeas brotan en tallos florales que pueden nacer en la base de la planta o en la punta del pseudobulbo. De estos tallos surgen entre una y varias decenas de flores que pueden llegar a variar mucho en tamaño, forma, color y textura. No obstante, todas ellas siguen un patrón básico que define a la planta como orquídea. Cada flor tiene un verticilo externo, compuesto por tres sépalos, y uno interior formado por dos pétalos laterales entre los cuales se encuentra un tercer pétalo de forma distinta: el labelo. La mayoría de las orquídeas son polinizadas por insectos; el papel que desempeña el labelo es atraer a los agentes polinizadores que pasen cerca, aunque también sirve como plataforma de aterrizaje para los insectos visitantes que lleguen atraídos por los vívidos colores de la flor. La polinización cruzada entre especies ha dado lugar a algunos híbridos naturales en estado salvaje.

Cultivo en casa

Para cultivar orquídeas en el hogar se les ha de ofrecer unas condiciones ambientales similares a las de su hábitat. En función de la temperatura que necesitan, se dividen en tres grupos.

Orquídeas de temperatura fría, en estado salvaje crecen en altitudes elevadas. Incluyen *Cymbidium, Odontoglossum, Coelogyne, Encyclia* y algunas especies de *Dendrobium*. Crecen bien en espacios interiores, siempre que no se vean expuestas a extremos de temperatura. Elija una parte bien iluminada que no reciba radiación solar directa; debe estar a una temperatura cálida durante el día y fresca durante la noche.

Orquídeas de temperatura intermedia como las fabulosas catleyas tropicales, las especies *Miltoniopsis* o las *Paphiopedilum* y *Phragmipedium* (que crecen en temperaturas más altas). Pueden cultivarse catleyas en una habitación bien caldeada que disponga de buena luz y, durante las noches de invierno, de calefacción. Las orquídeas *Paphiopedilum*, *Phragmipedium* y *Miltoniopsis* necesitan menos iluminación.

Orquídeas de temperatura cálida como las especies *Phalaenopsis* oriundas de las selvas tropicales de Filipinas, que necesitan mantenerse humedecidas a la sombra en un ambiente bien caldeado. Necesitan temperaturas cálidas durante la noche, pero no deberían colocarse cerca de ningún tipo de fuente de calor.

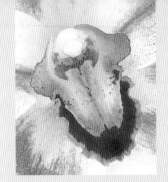

dium

Las *Cymbidium* son plantas frondosas de hoja perenne que pueden alcanzar más de 90 cm. Sus flores céreas pueden iluminar los meses invernales hasta diez semanas. Son fáciles de cultivar si están protegidas de la luz solar directa en verano y reciben una iluminación completa en invierno. Una vez que, a principios de verano, despunten los tallos florales, átelos a una caña fina; cuando florezcan, córtelos a 2,5 cm de la base. Se necesita calefacción en invierno para mantener una temperatura no inferior a 10 °C por la noche y 13 °C o 14 °C durante el día.

Cymbidium **Mini Sarah «Sunburst»**

En el proceso de creación de esta *Cymbidium* se ha buscado un tamaño en la planta y la flor, con el fin de que resulte apropiada para vivir en el interior. En una temporada pueden brotar varios tallos florales; no todos ellos fructiferan igual, de forma que la temporada de floración puede durar hasta bien entrada la primavera. Durante todo este tiempo, la planta precisa fertilización y riegos regulares. Después de la floración, trasplántela lo antes posible.

FLOR 9 cm de anchura
TALLO FLORAL 60 cm de longitud
TAMAÑO 75 cm de altura
TAMAÑO DE MACETA 20 cm
TEMPERATURA Fría

Cymbidium **Bruttera**

Esta compacta y atractiva híbrida, una de las primeras orquídeas que florecen tras el período estival de crecimiento, embellece el otoño con con sus colores claros y su refrescante fragancia. Se trata de una planta de tamaño medio de la que pueden brotar hasta 6 tallos florales. Para asegurar una buena producción de flores, sáquela al exterior en verano y fortalecerá su crecimiento. Vuelva a ponerla en un lugar interior iluminado cuando en la base de la planta vea los tallos florales, que parecen lápices gruesos.

FLOR
5 cm de anchura

TALLO FLORAL
90 cm
de longitud

TAMAÑO
75 cm de altura

TAMAÑO DE MACETA
15 cm

TEMPERATURA
Fría

Cymbidium **Cotil Point «Ridgeway»**

Todas las orquídeas híbridas presentan algún grado de variación, pero en las *Cymbidium* es aún más perceptible por los diferentes adornos del labelo y por su disparidad de colores y formas. La variedad cultivada «Ridgeway» es muy distinta de la híbrida Cotil Point (*véase* pág. 21), aunque se parecen en la forma del labelo y en las rayas de los pétalos y sépalos. Su principal diferencia es el colorido, visiblemente más claro en el ejemplar de esta página.

FLOR 15 cm de anchura
TALLO FLORAL 120 cm de longitud
TAMAÑO 100 cm de altura
TAMAÑO DE MACETA 20 cm
TEMPERATURA Fría

Cymbidium **Maureen Grapes «Marilyn»**

Esta orquídea de un tono verde fresco y primaveral conserva todo el colorido de su especie original *Cymbidium ensiflorum*. Fue creada en Nueva Zelanda con la finalidad de desarrollar una orquídea que floreciese en una época del año en que las *Cymbidium* no lo hacen, y para ello se usó una combinación de especies que le han dado su dulce fragancia. La densa pigmentación roja del labelo es otra seña de identidad de esta especie. La floración de las «Marilyn» es secuencial; los tallos se desarrollan a diferente ritmo y florecen de forma sucesiva durante un largo período (*véase* también la fotografía de la pág. 5).

FLOR
5 cm de anchura

TALLO FLORAL
90 cm de longitud

TAMAÑO
75 cm de altura

TAMAÑO DE MACETA
15 cm

TEMPERATURA
Fría

Cymbidium **Bethlehem**

Esta híbrida creada en Califorña, que florece a mediados de invierno, tiene un ligerísimo tono rosado en los sépalos y un adorno claro en los pétalos cuyos detalles se hallan realzados por los hermosos dibujos del labelo. Para que la planta florezca bien al año siguiente, colóquela en el exterior durante el verano; así se fortalecerá su crecimiento y madurará bien antes de producir los tallos florales.

FLOR
12 cm de anchura

TALLO FLORAL
120 cm
de longitud

TAMAÑO
100 cm de altura

**TAMAÑO
DE MACETA**
20 cm

TEMPERATURA
fría

Cymbidium **Cotil Point**

Esta llamativa especie, que vio la luz
por primera vez en Jersey a finales de
la década de 1990, es uno de los últimos
frutos de una larga estirpe de híbridas
rojas con unas rayas en los pétalos y
sépalos que generan una maravillosa
profundidad de color. Ha resultado
galardonada a ambas orillas del
Atlántico y ya ha ganado tres premios al
mérito de la Royal Horticultural Society
británica. Sus grandes flores, que se
abren durante el invierno, pueden
cortarse por separado o dejarse
en la propia planta.

FLOR
15 cm de anchura

TALLO FLORAL
120 cm
de longitud

TAMAÑO
100 cm de altura

**TAMAÑO
DE MACETA**
20 cm

TEMPERATURA
Fría

Cymbidium **Glowing Valley «Sunrise»**

Una encantadora híbrida creada en 1985 a partir de las mejores especies australianas. En un sutil contrapunto sobre el vivo colorido más típico las _Cymbidium_, esta flor exhibe un apunte de rosa moteado y un labelo de motas delicadísimas. Un exceso de luz puede estropear estas pálidas flores: siempre que no reciban directamente los rayos del sol mientras estén abiertas, pueden conservarse perfectamente durante un máximo de diez semanas.

FLOR 9 cm de anchura
TALLO FLORAL 120 cm de longitud
TAMAÑO 100 cm de altura
TAMAÑO DE LA MACETA 20 cm
TEMPERATURA Fría

Cymbidium **Tangerine Mary**

Producida en Nueva Zelanda, esta *Cymbidium* de floración invernal posee unos vibrantes colores que antes sólo se veían en las especies híbridas, que florecen más tarde. Es una planta muy poco voluminosa de hojas erectas que necesita menos espacio que la mayoría de las *Cymbidium*. De sus tallos florales brotan numerosas flores que, en su posición vertical natural, no sobrepasan la altura del follaje. Cuando alcanza la madurez, esta planta florece durante todo el invierno sobre la sucesión de tallos florales que le crecen.

FLOR
5 cm de anchura

TALLO FLORAL
90 cm de longitud

TAMAÑO
60 cm de altura

**TAMAÑO
DE MACETA**
15 cm

TEMPERATURA
Fría

Cymbidium **Valley Splash «Awesome»**

Australia se ha transformado en un centro donde se cultivan muchas de las mejores *Cymbidium* híbridas. Todas las especies en cuyo nombre aparece la palabra *valley* proceden de Valley Orchids, un centro de selección situado en el sur del país donde se obtuvo Valley Splash en 1991. Esta preciosa híbrida de pétalos y sépalos veteados ofrece una flor inusual de dos colores, grande y de forma ligeramente cóncava cuya delicadeza recuerda a una acuarela. De su erguido tallo, que crece más alto que el follaje, pueden nacer en invierno hasta doce flores céreas que duran entre 8 y 10 semanas.

FLOR
10 cm de anchura

TALLO FLORAL
120 cm
de longitud

TAMAÑO
100 cm de altura

**TAMAÑO
DE MACETA**
20 cm

TEMPERATURA
Fría

Cymbidium **Nevada**

Hace más de cien años que las *Cymbidium* se cultivan y que con ellas se crean híbridos como esta soberbia orquídea híbrida de flor amarilla. De cada uno de los tallos florales largos y erguidos que produce en primavera pueden brotar doce o más flores que perduran durante semanas. Cuando los tallos de las plantas se alargan, hay que apuntalarlos para que no los venza su propio peso. Hay que dejar mucho espacio libre por encima de la planta; si se coloca en el exterior durante el verano, recibe más luz y desarrolla flores con más facilidad.

FLOR
10 cm de anchura

TALLO FLORAL
120 cm de longitud

TAMAÑO
90 cm de altura

TAMAÑO DE MACETA
30 cm

TEMPERATURA
Fría

Cymbidium **Summer Pearl «Sonya»**

«Sonya» es una atractiva forma blanca en miniatura de otra híbrida muy popular y aromática, Summer Pearl. Puede darse en colores bastante distintos y está en flor durante los meses de verano. A menudo «Sonya» despide una ligera fragancia que sobre todo se percibe en las mañanas en que el sol brilla y caldea el ambiente.

FLOR 8 cm de anchura
TALLO FLORAL 90 cm de longitud
TAMAÑO 60 cm de altura
TAMAÑO DE MACETA 20 cm
TEMPERATURA Fría

Cymbidium **Valley Blush «Magnificent»**

Esta *Cymbidium* puede producir fácilmente una docena de flores grandes y espectaculares por tallo, todas ellas de tono verde primavera claro y con un labelo de motas delicadas. Estas híbridas de flor verde necesitan luminosidad para desarrollar los tallos a finales de verano, pero, una vez que empiecen a apuntarse los capullos, necesitan una luz ambiental menor. Una vez en flor, mantenga la planta a la sombra para que las flores duren más y no pierdan color.

FLOR
10 cm de anchura

TALLO FLORAL
120 cm de longitud

TAMAÑO
100 cm de altura

**TAMAÑO
DE MACETA**
20 cm

TEMPERATURA
Fría

Odontog
y similares

Las *Odontoglossum* y los numerosos géneros que están relacionados con ellas son muy decorativas y fáciles de plantar. Estas plantas de hoja perenne producen pseudobulbos verdes y dos pares de hojas flexibles; sus tallos pueden dar entre 5 y 100 flores exquisitas y de larga duración en casi cualquier época del año. Estas orquídeas, que exhiben colores y patrones de estampado muy variados, necesitan sombra y riego durante todo el año. Pueden plantarse en un lugar fresco, con una temperatura mínima de 10 °C y una máxima de 24 °C.

lossum

Odontoglossum **Geyser Gold**

Nacida en Nueva Zelanda en 1989, esta híbrida amarilla hereda su distintivo color claro de la especie de la que ha nacido: *Lemboglossum (Odontoglossum) bictoniense* var. *alba*. Su base de color amarillo pálido está recubierta por multitud de manchas de una pigmentación amarilla más intensa; el conjunto parece una ondulación entre luces y sombras amarillas. Las flores son menos redondeadas que muchas de las híbridas y tienen un perfil definido con bordes crespos. De sus tallos nacen hasta 12 flores, la mayoría en otoño. De tamaño relativamente pequeño, resulta fácil cultivarla y lograr que florezca.

FLOR
5 cm de anchura

TALLO FLORAL
50 cm
de longitud

TAMAÑO
30 cm de altura

**TAMAÑO
DE MACETA**
10 cm

TEMPERATURA
Fría

Odontioda **Marie Noel «Bourgogyne»**

Las orquídeas de estampado más intrincado son híbridas de *Odontoglossum*. La *Odontioda* Marie Noel ha ganado muchos premios por su excelente calidad y, con sus características manchas de leopardo, la Bourgogyne es una de sus formas más exquisitas. Ha nacido de especies que crecen sobre árboles a gran altitud en los Andes, dondè disfrutan de noches frescas y la brisa de la montaña. Sus redondeadas flores, con sépalos y pétalos del mismo tamaño, tienen un labelo compacto.

FLOR
6 cm de anchura

TALLO FLORAL
30 cm de longitud

TAMAÑO
30 cm de altura

**TAMAÑO
DE MACETA**
10 cm

TEMPERATURA
Fría

Odontonia **Boussole «Blanche»**

Una híbrida intergenética de excepcional calidad creada en Francia a partir de un cruce entre *Miltoniopsis* y *Odontoglossum*. De la especie *O. crispum* (la cual ha producido todas las híbridas modernas de color blanco) ha heredado los pétalos puntiagudos que dan forma de estrella a las flores, mientras que el labelo acampanado y el leve matiz rosado del interior de la flor proceden de su pariente *Miltonia vexillaria*. Por el lado externo, el colorido es más intenso.

FLOR
8 cm de anchura

TALLO FLORAL
30 cm
de longitud

TAMAÑO
30 cm de altura

**TAMAÑO
DE MACETA**
10 cm

TEMPERATURA
Fría

Odontocidium **Hansueli Isler**

El maravilloso estampado rojo mate sobre amarillo brillante es tan llamativo que incluso se puede ver a través de los capullos traslúcidos de esta deliciosa híbrida de origen alemán. Como otras híbridas modernas, ha sido bautizada en honor a un miembro destacado de la familia suiza de cultivadores comerciales Isler. Con su ornamentado labelo, esta planta posee una floración muy libre; en cada uno de sus tallos erguidos y robustos nacen entre 6 y 10 flores. Éstas son duraderas, aunque cuando están en flor hay que apartarlas de la luz solar directa y del calor excesivo.

FLOR
6 cm de anchura

TALLO FLORAL
50 cm
de longitud

TAMAÑO
30 cm de altura

**TAMAÑO
DE MACETA**
10 cm

TEMPERATURA
Fría

Oncidium **Star Wars**

La mayoría de las *Oncidium* dan flores amarillas, como este ejemplar perteneciente a una especie híbrida que se ha obtenido a partir de especies brasileñas. La mayoría de orquídeas de este género ostentan un labelo largo y acampanado como el de la fotografía; los pétalos y sépalos, que son más pequeños y exhiben unas suaves rayas, parecen minúsculos a su lado. Muchas flores aparecen en las ramas laterales del tallo principal.

FLOR
5 cm de anchura

TALLO FLORAL
60 cm de longitud

TAMAÑO
40 cm de altura

TAMAÑO DE MACETA
15 cm

TEMPERATURA
Fría

Oncidium **Sharry Baby «Sweet Fragrance»**

El color predominante entre las *Oncidium* es el amarillo, pero dista mucho de ser el único que hay en este género. Esta híbrida hawaiana tiene flores de un rojo profundo y una intensa fragancia de chocolate. Su labelo, pequeño y bien definido, es acampanado en la base y estrecho en el medio, como el de la especie *Oncidium ornithorhynchm* (*véase* pág. 52). Sus numerosas flores emergen de las ramificaciones laterales del tallo floral; se las puede dejar en su posición arqueada natural, pero también es posible forzarlas a mantenerse erguidas.

FLOR
2 cm de anchura

TALLO FLORAL
60 cm
de longitud

TAMAÑO
25 cm de altura

**TAMAÑO
DE MACETA**
15 cm

TEMPERATURA
Fría

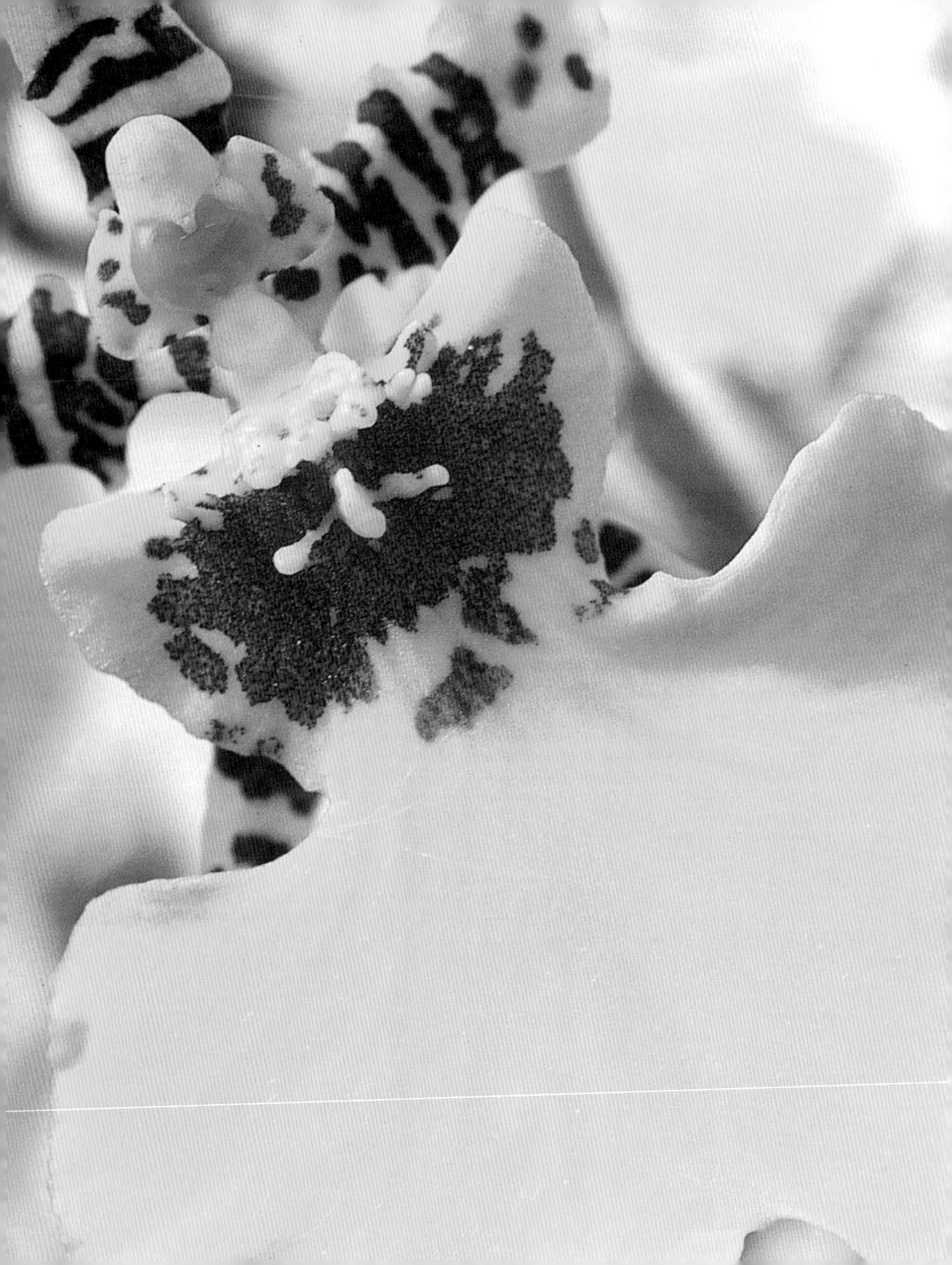

Oncidium flexuosum

Esta especie brasileña fue descubierta en 1821. Sus estrechos pétalos y sépalos, adornados con rayitas marrones, tienen un tamaño insignificante al lado del exagerado labelo de color amarillo intenso. Su apodo de «bailarina» se debe a que los labelos recuerdan a faldas arremolinadas cuando las flores danzan al son del viento. Las florecillas aparecen en otoño al final de un tallo largo. Como los pseudobulbos, que se producen a intervalos, están unidos por un rizoma de cierta longitud, así que lo mejor es cultivarla en un pedazo de corteza de corcho o palo cubierto de musgo que esté en una maceta de 12 cm.

FLOR
2 cm de anchura

TALLO FLORAL
60 cm de longitud

TAMAÑO
50 cm de altura

TAMAÑO DE MACETA
12 cm

TEMPERATURA
Fría

Oncidium ornithorhynchum

Esta bonita especie de México y Guatemala, descrita por primera vez en 1815, aún se cultiva mucho hoy día. Su nombre deriva de un término griego que significa «pico de pájaro» y hace referencia a la réplica de una cabeza de paloma que adorna el centro de la flor. Sus flores rosadas, muy aromáticas, brotan en buen número del compacto tallo, y tienen unas formas muy bellas. Las flores aparecen en otoño, y después la planta se toma un breve descanso. Mantenga esta planta apartada de la luz solar directa.

FLOR
2 cm de anchura

TALLO FLORAL
20 cm de longitud

TAMAÑO
20 cm de altura

**TAMAÑO
DE MACETA**
10 cm

TEMPERATURA
Fría

Odontobrassia **Aztec**

Esta nueva híbrida es uno de los cruces más recientes obtenidos con el voluble grupo de las *Odontoglossum*. Como todavía no tiene nombre, para identificarla se hace referencia al nombre de sus padres: *Brassia* Stardust, una orquídea aracnoidea de flores verdes y pétalos largos. Aunque necesita algo de sombra en verano, esta híbrida llega a tolerar una temperatura máxima de 30 °C. Suele tener un período de reposo en invierno, durante el que puede quedarse a pleno sol en un lugar seco hasta que empiece a crecer de nuevo.

FLOR 5 cm de anchura
TALLO FLORAL 45 cm de longitud
TAMAÑO 30 cm de altura
TAMAÑO DE MACETA 12 cm
TEMPERATURA Fría

Sanderara **Rippon Tor «Burnham»**

Esta híbrida de tres géneros se produce cruzando *Odontoglossum*, *Brassia* y *Cochlioda*. Lleva el nombre del fundador de la famosa cultivadora inglesa de orquídeas Sander & Sons. La primera *Sanderara* se registró en 1937. De su tallo largo y arqueado brotan hasta 12 flores grandes; su base de color marfil está salpicada de manchas rojas y rosadas cuyos tonos quedan resaltados por el color crema del labelo central. La planta, alta y robusta, suele florecer en primavera.

FLOR
8 cm de anchura

TALLO FLORAL
50 cm de longitud

TAMAÑO
25 cm de altura

**TAMAÑO
DE MACETA**
15 cm

TEMPERATURA
Fría

Burrageara **Stefan Isler**

La combinación de cuatro populares géneros ha dado esta vistosa orquídea híbrida de tonos rojos claros y oscuros. El espectacular labelo se debe a la mano de *Miltonia*, mientras que los colores proceden de *Cochlioda*. La influencia de *Oncidium* ha reducido ligeramente el tamaño de esta flor; en conjunto, la planta es bastante pequeña. Los vívidos sépalos y pétalos de la flor contrastan con el tono anaranjado del labelo, que tiene forma de violín. En las ramas laterales del tallo principal, las flores duran semanas y pueden brotar en cualquier momento del año.

FLOR
6 cm de anchura

TALLO FLORAL
60 cm
de longitud

TAMAÑO
23 cm de altura

**TAMAÑO
DE MACETA**
15 cm

TEMPERATURA
Fría

Aspasia lunata

Una orquídea natural pequeña y poco conocida del grupo *Odontoglossum* y emparentada de cerca con el género *Brassia*. Cultivada por sus atractivas flores, produce pseudobulbos pequeños y alargados con un par de hojas estrechas, y no tarda en establecerse si el cultivador deja pasar algunos años sin dividirla. Puede cultivarse en maceta o en una cesta colgante. Las flores de principios de verano brotan de tallos cortos, con una sola flor que tiene forma de estrella; los pétalos y sépalos son de escasa anchura, y el labelo es acampanado.

FLOR
5 cm
de anchura

TAMAÑO
15 cm de altura

TAMAÑO
DE MACETA
12 cm

TEMPERATURA
Fría

Vuylstekeara **Cambria «Plush»**

Ésta es probablemente la orquídea
más popular del grupo de las
Odontoglossum por distintos motivos:
sus flores son grandes y exuberantes,
florece con facilidad y es fácil de cultivar.
Tras su aparición en 1931, la *Vuyl.*
Cambria se hizo muy popular en todo
el mundo y hoy se encuentra en todos
los países donde se cultivan orquídeas.
Florece dos veces al año y a menudo
brotan dos tallos florales de un mismo
pseudobulbo, cada uno de ellos con
12 flores duraderas. No permita que
los pseudobulbos se marchiten.

FLOR
8 cm de anchura

TALLO FLORAL
50 cm
de longitud

TAMAÑO
30 cm de altura

**TAMAÑO
DE MACETA**
10 cm

TEMPERATURA
Fría

Vuylstekeara **Cambria «Yellow»**

Durante el proceso de clonación en masa de la *Vuyl.* Cambria «Plush» se han producido accidentalmente variantes amarillas. Una de ellas apareció hace algunos años en Holanda y, por extraño que resulte, no ha cambiado de color al reproducirse; este raro fenómeno ha hecho muy popular esta planta que, en todos los demás aspectos, es idéntica a la Cambria «Plush».

FLOR
8 cm de anchura

TALLO FLORAL
50 cm
de longitud

TAMAÑO
30 cm de altura

**TAMAÑO
DE MACETA**
10 cm

TEMPERATURA
Fría

Wilsonara **Widecombe Fair**

Esta cautivadora planta híbrida es el resultado de usar distintas especies del género *Odontoglossum* para producir una flor pequeña y abierta. La planta es una *Odontoglossum* típica, pero el tallo floral es más alto de lo normal en este género y porta numerosas flores en sus ramas laterales. Los tallos, que necesitan soporte desde la edad más temprana, tardan meses en desarrollar capullos, y éstos florecen en verano. Esta vigorosa híbrida también puede desarrollarse perfectamente con una temperatura ambiental mínima de 13 °C, siempre que la máxima diurna no supere los 24 °C.

FLOR
5 cm de anchura

TALLO FLORAL
90 cm
de longitud

TAMAÑO
23 cm de altura

**TAMAÑO
DE MACETA**
15 cm

TEMPERATURA
Fría

Wilsonara **Uruapan «Tyron»**

Wilsonara es el resultado de cruzar tres géneros naturales: *Cochlioda, Oncidium* y *Odontoglossum.* Su nombre se debe a Gurney Wilson, un eminente escritor de principios del siglo xx experto en orquídeas. A partir de 1916 se crearon muy pocas wilsonaras nuevas, hasta que la aparición de la *Oncidium tigrinum* revitalizó el género con combinaciones de una riqueza tan maravillosa como la de esta hermosa flor simétrica. La planta, fuerte y robusta, produce unos tallos altos con hasta una docena de flores cada uno. Su período de floración varía a lo largo del año.

FLOR
9 cm de anchura

TALLO FLORAL
50 cm
de longitud

TAMAÑO
25 cm de altura

TAMAÑO
DE MACETA
15 cm

TEMPERATURA
Fría

Rossioglossum grande

Esta especie guatemalteca se conoce como la orquídea payaso por la figura en forma de muñeco que adorna su centro. Esta parte del labelo central guía al insecto hacia el polen, que se halla escondido tras la antera, al final de la columna, y parece una cabeza de payaso desproporcionada. Esta planta se encuentra emparentada con el género *Odontoglossum*, aunque su flor, de colores castaño y amarillo, grande y lustrosa, es única en la familia de las orquídeas. En su tallo arqueado se producen varias flores que se abren durante el otoño y duran hasta tres semanas.

FLOR
12 cm
de anchura

TALLO FLORAL
30 cm
de longitud

TAMAÑO
30 cm de altura

**TAMAÑO
DE MACETA**
15 cm

TEMPERATURA
Fría

Milton

iopsis

Estas orquídeas con tonos violetas tienen unas flores grandes y planas con un dibujo en el labelo en forma de máscara y una fragancia de miel. Tienen un período de floración muy libre. Les sienta bien vivir a la sombra en un espacio interior y sus raíces deben mantenerse hidratadas durante todo el año, con una fertilización frugal en verano. Sus hojas se

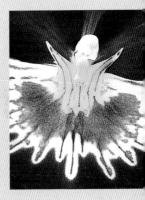

quedan marcadas con facilidad: no las rocíe desde arriba. Crecen en temperaturas frías, pero también prosperan en un ambiente templado con temperatura mínima de 12 °C y máxima de 25 °C.

Miltoniopsis **St Helier «Plum»**

«Plum» es una de las vistosas *Miltoniopsis* de la línea St Helier cultivadas en Jersey, en las islas del canal de la Mancha. Entre sus contrastados y decorativos diseños hay una máscara en forma de mariposa en el centro de la flor. Ello ilustra la variación que puede darse entre los distintos clones de un mismo híbrido (*véase* también «Pink Delight», en la pág. 92). Creada en 1989, ésta es una de las mejores *Miltoniopsis* por el estampado exquisito de su centro.

FLOR
10 cm
de anchura

TALLO FLORAL
23 cm
de longitud

TAMAÑO
30 cm de altura

**TAMAÑO
DE MACETA**
12 cm

TEMPERATURA
Fría

Miltoniopsis **Cindy Kane x Beethoven**

El estampado de esta flor, que varía mucho de un ejemplar a otro, se hace sutil en los pétalos y dibuja una especie de venas en los sépalos. Al cabo de muchas generaciones de cultivo, el labelo de esta especie aún conserva de la especie *M. phalaenopsis* el encantador diseño en forma de catarata. Este patrón está muy buscado y no siempre se puede obtener de una forma tan definida como en esta fotografía. Las híbridas que ostentan esta decoración, normalmente en rosa o en rojo, suelen ser más caras.

FLOR
10 cm de anchura

TALLO FLORAL
23 cm de longitud

TAMAÑO
30 cm de altura

TAMAÑO DE MACETA
12 cm

TEMPERATURA
Fría

Miltoniopsis **Eureka**

Esta preciosa *Miltoniopsis* de color amarillo claro es una híbrida excepcional de suaves tonos de mantequilla. De origen norteamericano, nació en 1980 en el seno de una estirpe que ya había logrado buenos resultados en esta escurridiza gama de amarillos. Con sus dos floraciones anuales y el modesto tamaño de la planta, resulta ideal como primera orquídea porque con unos mínimos cuidados da unos resultados impresionantes. Evite que sus flores reciban iluminación fuerte para que duren el máximo tiempo posible.

FLOR
10 cm
de anchura

TALLO FLORAL
23 cm
de longitud

TAMAÑO
30 cm de altura

**TAMAÑO
DE MACETA**
12 cm

TEMPERATURA
Fría

Miltoniopsis **Lyceana «Stampland»**

Esta encantadora orquídea violeta de dos tonos tiene el gran labelo típico de su género, que es la parte más atractiva de la flor, especialmente cuando la máscara central está bien definida y tiene un color contrastado. *Miltoniopsis* Lyceana es una híbrida creada en Inglaterra en 1925 por la compañía Charlesworth. «Stampland» obtuvo un certificado de primera clase en 1926, cuando se convirtió en un referente para las generaciones futuras.

FLOR
10 cm
de anchura

TALLO FLORAL
23 cm
de longitud

TAMAÑO
30 cm de altura

**TAMAÑO
DE MACETA**
12 cm

TEMPERATURA
Fría

Miltoniopsis **Mrs J B Crum «Chelsea»**

Existen numerosas buenas híbridas rojas, pero pocas son tan ricas como esta magnífica variedad nacida en 1931. Toda la flor tiene un aspecto aterciopelado que queda realzado por el margen blanco del borde del labelo. El agua puede estropear las flores, por lo que hay que regar la planta con cuidado. Las flores producidas durante el período de floración principal, en primavera, poseen más calidad que las del otoño, aunque una segunda floración siempre es bienvenida.

FLOR
10 cm de anchura

TALLO FLORAL
23 cm de longitud

TAMAÑO
30 cm de altura

**TAMAÑO
DE MACETA**
12 cm de altura

TEMPERATURA
Fría

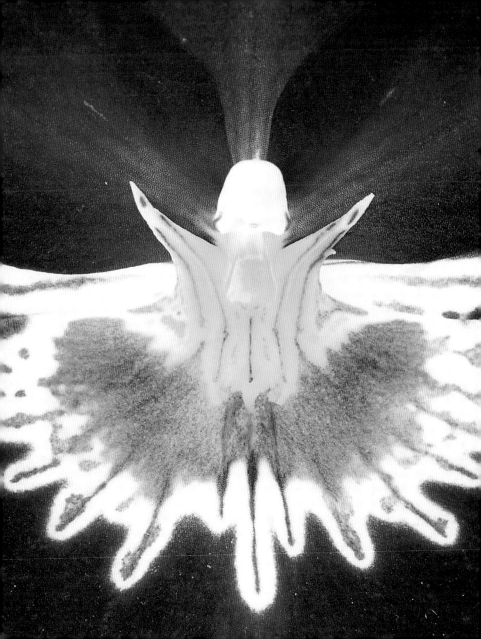

Miltoniopsis **Robert Strauss «White Flag»**

Entre las híbridas de mayor calidad, muy pocas tienen flores de un blanco tan inmaculado como éste, cuyos adornos centrales de color rojo y amarillo aumentan su esplendor. La mejor cualidad de esta orquídea es su magnífico labelo, que guarda un equilibrio perfecto con el tamaño de los pétalos y sépalos. Una planta adulta posee entre 4 y 6 flores por tallo, y una planta bien cultivada suele producir al mismo tiempo dos tallos florales a partir de un solo pseudobulbo.

FLOR
10 cm
de anchura

TALLO FLORAL
23 cm
de longitud

TAMAÑO
30 cm de altura

**TAMAÑO
DE MACETA**
12 cm

TEMPERATURA
Fría

Miltoniopsis **St Helier «Pink Delight»**

Esta seductora forma de St Helier ilustra lo variadas que llegan a ser las híbridas creadas en los criaderos ingleses del área de Jersey. «Pink Delight» produce flores duraderas de alta calidad en primavera cuyo labelo rosa claro veteado está dominado por el rojo oscuro de la máscara en forma de mariposa del centro; un ancho borde blanco separa ambos colores. Esta flor de estética tan equilibrada nació en la Eric Young Orchid Foundation, que lidera la hibridación de este género desde la década de 1970.

FLOR
10 cm de anchura

TALLO FLORAL
23 cm de longitud

TAMAÑO
30 cm de altura

TAMAÑO DE MACETA
12 cm

TEMPERATURA
Fría

Miltoniopsis **Zoro x Saffron Surprise**

En esta flor amarilla de inusual calidad, una máscara de color rojo vivo combina con las dos «huellas» de los pétalos. Es difícil producir híbridas amarillas porque este color no es prominente entre las orquídeas, y la mayoría de las que lo poseen no tardan en evolucionar a un tono crema al poco de abrirse. Debe dejar que la planta crezca durante años, sin dividirla. Una planta grande con varios pseudobulbos que florecen a la vez ofrece un espectáculo impresionante y amplía el período de floración, ya que no todos los capullos se abren al mismo tiempo.

FLOR
10 cm de anchura

TALLO FLORAL
23 cm de longitud

TAMAÑO
30 cm de altura

TAMAÑO DE MACETA
12 cm

TEMPERATURA
Fría

Miltoniopsis **Nancy Binks**

El labelo de esta hermosa híbrida creada
en 1985 por un cultivador aficionado,
el doctor Jim Binks, exhibe un dibujo
sublime. Su centro recuerda un cojín de
terciopelo, mientras que el rojo cereza
de los pétalos contrasta con el fondo
blanco. Si permite que los tallos se
arqueen siguiendo su tendencia natural,
las flores lucirán en su máximo
esplendor.

FLOR
10 cm
de anchura

TALLO FLORAL
23 cm
de longitud

TAMAÑO
30 cm de altura

**TAMAÑO
DE MACETA**
12 cm

TEMPERATURA
Fría

Miltoniopsis vexillaria «**Josephina**»

Desde 1872, cuando se inició su cultivo, la especie *Miltoniopsis vexillaria* recibió el nombre común de «la *Odontoglossum* escarlata». Es una especie única por sus suaves tonos pastel y por sus aromáticas flores, grandes y achatadas, que se mecen delicadamente en sus ramilletes. La floración llega principios de verano y dura hasta tres semanas. Hoy viene a ser una planta de coleccionista muy valorada por su belleza natural; los cultivadores todavía la utilizan para su reproducción.

FLOR
10 cm
de anchura

TALLO FLORAL
23 cm
de longitud

TAMAÑO
30 cm
de altura

**TAMAÑO
DE MACETA**
10 cm

TEMPERATURA
Fría

Miltonia spectabilis

Las miltonias están emparentadas de cerca con las vistosas *Miltoniopsis*. Sus flores son, en general, de menor tamaño y exuberancia, pero guardan un claro parecido en el dominante labelo y en las atractivas marcas que caracterizan a esta especie desde que llegó en el año 1837 procedente de Brasil. Las miltonias producen una sola flor por tallo floral y carecen de la fragancia del género *Miltoniopsis*, con el que, de forma sorprendente, no admiten cruces pese a su cercano parentesco.

FLOR
10 cm de anchura

TALLO FLORAL
10 cm de longitud

TAMAÑO
15 cm de altura

**TAMAÑO
DE MACETA**
10 cm

TEMPERATURA
Fría

Miltonia clowesii

Procedente de América Central, esta especie pertenece a un pequeño género que durante un tiempo se consideró enmarcado dentro de *Odontoglossum*, pero ya no. Los pétalos laterales rígidos y puntiagudos dan la típica forma de estrella a estas aromáticas flores, cuyo labelo tiene la silueta de un violín. Las fragantes flores se disponen bastante separadas en un tallo largo y firme, y lucen un rico colorido y una textura cérea. La planta produce unos pseudobulbos de tamaño modesto y hojas delgadas de un verde medio.

FLOR
5 cm de anchura

TALLO FLORAL
60 cm
de longitud

TAMAÑO
30 cm de altura

**TAMAÑO
DE MACETA**
10 cm

TEMPERATURA
Fría

Paphiopedilum

y

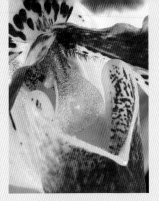

Estos dos géneros configuran un grupo fascinante y muy diverso que, tras separarse evolutivamente del resto de la familia de las orquídeas, desarrolló una estructura diferente en la planta y la flor. Su rasgo distintivo es la bolsa que, a causa de una modificación especial, forma su tercer pétalo o labelo. Hoy todas las orquídeas de este tipo que crecen en su hábitat natural se consideran en peligro de extinción. Las *Paphiopedilum* tropicales producen dos o más hojas gruesas y carnosas, a menudo moteadas; el capullo emerge desde el centro. Las *Phragmipedium*, más vigorosas, tienen hojas largas en forma de cinta y tallos florales altos que florecen de forma secuencial. Ambos tipos necesitan un ambiente cálido con buena sombra y una temperatura nocturna mínima de 18 ºC.

Phragmipedium

Phragmipedium besseae

El rojo era desconocido en este género hasta que en la década de 1980 se descubrió esta especie, que ahora es responsable de una vibrante línea nueva de híbridas rojas y anaranjadas fáciles de cultivar que florecen sin seguir una periodicidad determinada. Su tardío descubrimiento se debe en parte a que crece a gran altitud en paredes de roca inaccesibles de los Andes, en Ecuador y Perú. La planta, que produce unas matas y un rizoma rastrero, tiende a florecer en otoño, cuando los pequeños capullos que brotan de su largo tallo se abren en sucesión.

FLOR
8 cm
de anchura

TALLO FLORAL
30 cm
de longitud

TAMAÑO
25 cm de altura

**TAMAÑO
DE LA MACETA**
15 cm

TEMPERATURA
Intermedia

Phragmipedium **Grouville**

Ésta es una variación en rosa claro
dentro de una línea de híbridas
predominantemente rojas. Las flores
exhiben la forma clásica del género, no
con el acostumbrado rojo subido en una
gama de tonos pastel. Una generación
por delante de P. Eric Young (*véase*
pág. 114), la flor sigue teniendo una
forma influida por *P. besseae* (*véase*
pág. 106), a la que también le debe el
color rojizo. La floración de esta planta,
de cuyo tallo brotan múltiples capullos,
dura meses hasta que cae la última flor

FLOR
8 cm de anchura

TALLO FLORAL
30 cm de longitud

TAMAÑO
30 cm de altura

**TAMAÑO
DE LA MACETA**
15 cm

TEMPERATURA
Intermedia

Phragmipedium longifolium

Con sus pétalos largos, estrechos y lánguidos, las espectaculares flores de esta maravillosa especie de exhibición ilustran por qué las *Phragmipedium* se suelen conocer como «orquídeas mandarinas». Mirando de cerca sus flores verdosas se distinguen unas motas diminutas en los pétalos y el labelo, en cuyo centro se observa el corto flequillo de pelos negros del estaminodio. Tiene un follaje alto y lozano, así como unos tallos florales muy largos que producen muchas flores en sucesión.

FLOR
12 cm de anchura

TALLO FLORAL
2 cm de longitud

TAMAÑO
60 cm de altura

TAMAÑO DE LA MACETA
20 cm

TEMPERATURA
Intermedia

Phragmipedium **Beauport**

Esta híbrida nació en 1997 en el seno de la Eric Young Orchid Foundation, en las islas del canal de la Mancha. Se distingue por sus pétalos redondeados y su bolsa en forma de huevo, además de sus vivos colores rojizos y rosados. Las flores se producen en sucesión sobre un firme tallo floral que en algunos casos no necesita soporte. La planta florece a finales de primavera a partir de los brotes de la estación anterior

FLOR
8 cm
de anchura

TALLO FLORAL
30 cm
de longitud

TAMAÑO
20 cm de altura

**TAMAÑO
DE LA MACETA**
15 cm

TEMPERATURA
Intermedia

Phragmipedium **Eric Young**

Esta flor de formas únicas ostenta unos cálidos tonos anaranjados y unos pétalos largos algo lacios que penden hacia abajo, rodeando buena parte de la bolsa central. Otra de sus características es el pequeño sépalo dorsal. Creada en 1991, se trata de una de las mejores híbridas nuevas que se han logrado a partir de la espléndida *P. besseae*, que le presta su exclusivo color rojo a toda su progenie; su otra especie paterna es *P. longifolium* (*véase* pág. 110). Las flores no tienen una textura pesada y, pese a ser grandes, se asientan con firmeza sobre el rígido tallo.

FLOR 12 cm de anchura
TALLO FLORAL 45 cm de longitud
TAMAÑO 30 cm de altura
TAMAÑO DE LA MACETA 15 cm
TEMPERATURA Intermedia

Phragmipedium **Sedenii**

Esta hermosa híbrida fue creada en 1873 por Veitch & Sons. Ha superado la prueba del tiempo pues hoy todavía se puede encontrar, aunque sólo como flor de coleccionista. De uno de sus progenitores ha heredado los claros colores pastel típicos de las híbridas antiguas, que contrasta con los brillantes tonos de las *Phragmipedium* modernas. El alto tallo floral porta varios capullos que no se abren de forma simultánea.

FLOR
6 cm
de anchura

TALLO FLORAL
45 cm
de longitud

TAMAÑO
30 cm de altura

**TAMAÑO
DE LA MACETA**
15 cm de altura

TEMPERATURA
Intermedia

Phragmipedium **Don Wimber**

La flor de esta excitante híbrida moderna de vivos colores tiene una extraña forma triangular complementada por una bolsa bien equilibrada. Los capullos brotan de un tallo largo, en cuyo vértice van naciendo más a medida que crece. La planta es fuerte y robusta, con hojas largas en forma de cinta, y requiere un buen riego durante todo el año para que el carnoso follaje no se deshidrate. Conviene rociarla un poco con agua.

FLOR 10 cm de anchura
TALLO FLORAL 60 cm de longitud
TAMAÑO 45 cm de altura
TAMAÑO DE LA MACETA 20 cm de altura
TEMPERATURA Intermedia

Phragmipedium **St Peter**

Toda la serie «Saints» procede de la
Eric Young Orchid Foundation de las islas
del canal de la Mancha, cuya fama se ha
extendido por todo el mundo. St Peter es
una variación más sobre el tema de las
híbridas rojas; sus elegantes tallos son
largos y, para crecer bien, necesitan tener
bastante espacio libre. Esta híbrida de
pétalos largos tiene una bolsa bastante
abierta que constituye una de sus señas
de identidad.

FLOR 12 cm de anchura
TALLO FLORAL 45 cm de longitud
TAMAÑO 30 cm de altura
TAMAÑO DE LA MACETA 20 cm
TEMPERATURA Intermedia

Paphiopedilum **Chiquita**

Esta especie es un ejemplo de una nueva generación de *Paphiopedilum* en la que se ha empleado *P. primulinum* para aportar una gama de colores distinta. Esta especie de tonos amarillo limón, encontrada en Sumatra en el año 1972, pertenece a un pequeño grupo de especies que se caracterizan por la forma de su bolsa y porque sus estrechos pétalos tienen bordes ondulados. La forma ligera y abierta de esta flor contrasta dentro de su género, en el que abundan las flores gruesas y redondas. Brotan varias flores del extremo del tallo, pero nunca hay más de una abierta a la vez.

FLOR
8 cm de anchura

TALLO FLORAL
25 cm
de longitud

TAMAÑO
20 cm de altura

**TAMAÑO
DE LA MACETA**
10 cm

TEMPERATURA
Intermedia

Paphiopedilum **Holdenii**

Entre las *Paphilopedium* de hojas veteadas hay un grupo de especies como ésta, con flores verdes de formas bien definidas y despejadas. El sépalo dorsal presenta las típicas rayas al estilo de un caramelo de menta, y todo el resto de la flor es verde. El atractivo follaje moteado es compacto y se compone de hojas ovaladas de color verde claro. Se forma una sola flor sobre el alargado tallo, al que es preciso atar una caña para mantenerlo erguido. Espere hasta que la flor se haya abierto completamente para atarlo a la caña orientándolo al frente.

FLOR
10 cm
de anchura

TALLO FLORAL
25 cm
de longitud

TAMAÑO
12 cm de altura

**TAMAÑO
DE LA MACETA**
10 cm

TEMPERATURA
Intermedia

Paphiopedilum **Silverlight**

Esta orquídea de flor pequeña
exhibe el color mantequilla propio
de *P. primulinum*, la especie que la ha
originado. Este grupo de híbridos de
floración secuencial precisa una
atmósfera cálida que simule las
condiciones ambientales del hábitat
natural de su progenitor dominante,
una especie que crece a baja altitud en
Sumatra. El follaje esbelto resulta de un
verde más bien claro, lo que indica su
preferencia por vivir a la sombra. Aparte
del amarillo, en esta nueva estirpe
también se observan elementos blancos
y verde claro.

FLOR
8 cm de anchura

TALLO FLORAL
15 cm de longitud

TAMAÑO
12 cm de altura

**TAMAÑO
DE LA MACETA**
10 cm

TEMPERATURA
Intermedia

Paphiopedilum **Gina Short**

Las _Paphiopedilum_ rosadas siempre han sido tan inusuales como admiradas. Era un color desconocido en este género hasta que un soldado francés descubrió accidentalmente la especie _P. delenatii_ en 1913 en el actual Vietnam. Un solo tallo de escasa longitud puede producir entre una y tres de estas grandes flores, que tienen una bolsa con forma de huevo y se abren en verano. Las plantas ocupan muy poco espacio y tienen un follaje exquisito, con un mosaico oscuro en la superficie y motas de color púrpura en el reverso.

FLOR
5 cm de anchura

TALLO FLORAL
25 cm de longitud

TAMAÑO
10 cm de altura

**TAMAÑO
DE LA MACETA**
10 cm

TEMPERATURA
Intermedia

Paphiopedilum villosum

FLOR
10 cm
de anchura

TALLO FLORAL
15 cm
de longitud

TAMAÑO
25 cm de altura

TAMAÑO
DE LA MACETA
10 cm

TEMPERATURA
Fría

En 1853 se descubrió esta especie amante del frío del Himalaya, que crecía a una altitud de 2.000 m en las húmedas regiones montañosas de Birmania, donde la temperatura desciende bastante por la noche. Su follaje verde oscuro es delicado y produce flores solitarias en invierno o a finales de otoño. Del color del bronce pulido, exhibe un gran brillo en los pétalos y la bolsa. Esta especie ha servido para generar muchos de los grandes híbridos modernos, pero ahora se cultiva menos; cada vez hay menos reservas en los criaderos, y ya no quedan ejemplares en estado salvaje.

Paphiopedilum Deperle

Un popular híbrido entre la especie vietnamita *P. delenatii* y *P. primulinum*, una especie descubierta en 1973 en Sumatra. Esta última, que ha abierto una nueva estirpe de orquídeas híbridas de flor amarilla, se manifiesta como el progenitor dominante en la Deperle, creada en 1980 en Francia. Sus flores compactas, que se abren de una en una durante la primavera, tienen una forma similar a la de *P. primulinum*. Su color amarillo mantequilla procede del otro progenitor, del que a menudo hereda el pigmento rosado.

FLOR
6 cm de anchura

TALLO FLORAL
25 cm de longitud

TAMAÑO
15 cm de altura

TAMAÑO DE LA MACETA
10 cm

TEMPERATURA
Intermedia

Paphiopedilum **Pinocchio**

Creada en Francia en 1977, la flor de la especie P. *Pinocchio* probablemente sea la más pequeña del género. En el extremo de su largo tallo floral crecen unas flores bonitas y compactas cuyo centro ostenta una columna o rostelo de un verde muy vivo. Estas orquídeas no comen insectos ni los digieren, pero los atrapan cuando resbalan y caen en la bolsa. Para el insecto es fácil escapar, pero al hacerlo se lleva polen o bien deposita el que transportaba.

FLOR
8 cm
de anchura

TALLO FLORAL
25 cm
de longitud

TAMAÑO
15 cm de altura

**TAMAÑO
DE LA MACETA**
10 cm

TEMPERATURA
Intermedia

Paphiopedilum **Jersey Freckles**

Esta elegante híbrida es como muchas otras que tienen algunos ancestros de temperatura fría y otros de temperatura cálida. Con sus verdes hojas, Jersey Freckles puede cultivarse a la sombra en un espacio interior cálido o en un invernadero con calefacción. Le desagrada el exceso de luz directa y prefiere estar donde el sol no la alcance directamente. En invierno aparece una sola flor durante hasta 8 semanas; los ejemplares grandes producen más de una flor en tallos separados.

FLOR
12 cm
de anchura

TALLO FLORAL
20 cm
de longitud

TAMAÑO
12 cm de altura

**TAMAÑO
DE LA MACETA**
10 cm

TEMPERATURA
Intermedia

Paphiopedilum **Jac Flash**

Esta planta híbrida pertenece a una estirpe moderna de tonos oscuros que ha dado algunos colores muy cercanos al poco frecuente negro. El sépalo dorsal, grande y acampanado, está fuertemente teñido de púrpura y posee unas vetas oscuras, mientras que los lacios pétalos son verdes y rosados. Se trata de una planta compacta con hojas orbiculares y moteadas que resulta apropiada para el hogar aun cuando no esté en flor. La floración llega en verano y dura tres semanas.

FLOR
5 cm de anchura

TALLO FLORAL
25 cm de longitud

TAMAÑO
10 cm de altura

**TAMAÑO
DE LA MACETA**
10 cm

TEMPERATURA
Intermedia

Paphiopedilum **Prime Child**

Esta híbrida de extraño aspecto viene de
la especie de Borneo *P. rothschildianum* y
destaca por sus extraordinarios pétalos
largos y estrechos que cuelgan hacia abajo
y están moteados en toda su extensión.
Los tallos producen múltiples capullos
que se abren de uno en uno, como los
de su otro progenitor *P. primulinum*.
Fue creada en California en 1985
y resulta fácil de encontrar.

FLOR 18 cm de anchura
TALLO FLORAL 30 cm de longitud
TAMAÑO 20 cm de altura
TAMAÑO DE LA MACETA 10 cm
TEMPERATURA Intermedia

drum

Esta palabra significa «encima de un árbol» y es una referencia a la estrategia epifita de las orquídeas de este género, que viven sujetas al tronco de los árboles. Son plantas altas cuyos tallos y hojas son rígidos; una parte de ellas produce pseudobulbos altos y delgados con un par de hojas rígidas de forma ovalada y alargada. En lo alto del tallo crecen sus flores. Sus raíces aéreas son copiosas, y se propagan a partir del vértice de los tallos viejos, que pueden plantarse en maceta. Riéguelas y rocíelas con regularidad, fertilizándolas cada tres riegos.

Epidendrum ciliare

Oriunda de las Indias Occidentales y de la América tropical, esta *Epidendrum* blanca es una de las orquídeas que producen pseudobulbos esbeltos con una sola hoja. Descrita por primera vez en 1759, se encuentra entre las primeras especies tropicales que se descubrieron. Del largo tallo que nace de su pseudobulbo brotan hasta 8 flores. Tienen pétalos y sépalos largos y estrechos, con un labelo profundo adornado con flecos en el borde. Florece en otoño, aunque le costará hacerlo si no ha recibido suficiente luz a finales de verano, cuando maduran sus pseudobulbos.

FLOR
9 cm de anchura

TAMAÑO
30 cm de altura

TAMAÑO DE MACETA
15 cm

TEMPERATURA
Intermedia

Epidendrum **Plastic Doll**

La forma y el color de esta inusual híbrida evidencian que uno de sus progenitores es la brillante *E. pseudepidendrum* (*véase* pág. 154). E. Plastic Doll florece durante una larga temporada en verano, después de la cual reposa y necesita menos agua. Las hojas caen en pequeños grupos de los tallos viejos, que acaban quedando desnudos antes de marchitarse y morir. Son plantas altas que crecen mejor en macetas pequeñas, pero necesitan una caña de soporte.

FLOR
5 cm de anchura

TAMAÑO
30-100 cm
de altura

**TAMAÑO
DE MACETA**
15 cm

TEMPERATURA
Intermedia

Epidendrum ilense

Esta especie centroamericana alta y robusta posee unos tallos con muchas hojas que, al culminar el crecimiento, florecen a partir del extremo. Sus extraordinarias flores brotan del esbelto tallo arqueado y se abren sucesivamente durante un largo período en el que puede haber tres o cuatro flores abiertas al mismo tiempo. El labelo es protuberante y tiene unos largos flecos que le dan un aspecto barbudo. Los tallos viejos sin hojas continúan floreciendo durante varios años. Esta inusual planta necesita una maceta grande para impedir que pese más su parte superior que la inferior.

FLOR
5 cm
de anchura

TAMAÑO
30-100 cm
de altura

TAMAÑO
DE MACETA
15 cm

TEMPERATURA
Intermedia

Epidendrum pseudepidendrum

Las *Epidendrum* son un género de plantas altas que, o bien poseen tallos delgados con muchas hojas, o bien tienen una sola hoja que sale de pseudobulbos esbeltos. Esta especie, que pertenece al primer tipo, procede de los árboles de Costa Rica y produce unos tallos arqueados muy extensos que florecen a partir del extremo. En cada uno de ellos aparecen varias flores de pétalos y sépalos estrechos de un color verde brillante. El labelo naranja es lustroso, céreo y tiene un aspecto que recuerda al plástico.

FLOR
5 cm de anchura

TAMAÑO
30-100 cm
de altura

**TAMAÑO
DE MACETA**
18 cm

TEMPERATURA
Intermedia

ne

Este género de orquídeas de tamaño moderado desarrolla unos pseudobulbos redondos con una sola hoja. Ésta se desprende en otoño, y después necesita un período de reposo frío y seco en invierno. Las *Pleione* prefieren crecer juntas en buen número: normalmente se cultivan unas cuantas en una bandeja con un sustrato sin tierra formado a partir de arena y sucedáneo de turba. Trasplántela cada año antes de la floración y elimine los pseudobulbos viejos y las raíces muertas; manténgala hidratada de forma equilibrada en verano, con una frugal fertilización cada tres riegos. En invierno mantenga una temperatura de entre 5 °C y 7 °C.

Pleione **Shantung «Ridgeway»**

Esta bella híbrida de color albaricoque, producida en 1977, es el resultado de cruzar una forma rosa de la conocida especie *P. formosana* con la única variedad amarilla de este género: la relativamente desconocida *P. confusa*. Esta última, que originalmente recibió el nombre de *P. forrestii*, fue descubierta en el suroeste de China en 1904 por el recolector de plantas George Forrest.

FLOR
8 cm de anchura

TALLO FLORAL
15-20 cm
de longitud

TAMAÑO
15 cm
de altura

TAMAÑO DE MACETA
10 cm

TEMPERATURA
Fría

Pleione **Tongariro**

Esta híbrida guarda un fuerte parecido con sus especies paternas *P.* Versailles (*véase* pág. 167) y *P. speciosa* (*véase* pág. 163). Aunque *P.* Versailles fue creada en Francia, casi todas las híbridas a las que ha dado lugar las ha producido en Gran Bretaña Ian Butterfield, un cultivador especializado en este género; muchas de ellas llevan el nombre de volcanes conocidos.

FLOR
6 cm de anchura

TALLO FLORAL
10-15 cm
de longitud

TAMAÑO
12 cm de altura

TAMAÑO
DE MACETA
10 cm

TEMPERATURA
Fría

Pleione speciosa

Esta especie de color magenta brillante, cultivada desde 1914, posee sin duda uno de los colores más vivos de este apreciado género de orquídeas pequeñas. *P. speciosa* es característica de su género por sus pétalos y sépalos muy abiertos y por el generoso cromatismo de su labelo, decorado alegremente con estrías amarillas y puntitos rojos. Normalmente produce una sola flor, pero de vez en cuando se abren dos en el tallo y se mantienen durante unos 10 días.

FLOR 6 cm de anchura
TALLO FLORAL 10-15 cm de longitud
TAMAÑO 12 cm de altura
TAMAÑO DE MACETA 10 cm
TEMPERATURA Fría

Pleione formosana var. *semi-alba*

Probablemente ésta sea la variedad más conocida de su especie y también una de las más fáciles de cultivar. Como la especie *P. formosana* tiene unos colores muy variables, a través del cultivo selectivo se han producido híbridos de una amplia gama cromática. Esta *Pleione* tiene sépalos y pétalos de color blanco inmaculado, con discretos toques de amarillo y un labelo marrón. También hay una versión de blanco inmaculado sin color en el labelo. No es inusual que del tallo broten dos flores.

FLOR
6 cm de anchura

TALLO FLORAL
10-15 cm
de longitud

TAMAÑO
12 cm de altura

**TAMAÑO
DE MACETA**
10 cm

TEMPERATURA
Fría

Pleione **Versailles**

Versailles fue la primera híbrida que se produjo con *Pleione* y, desde el año 1963, cuando vio la luz por primera vez, se han creado muchas otras híbridas primaverales que han hecho conocido este género. Sus pétalos y sépalos estrechos y ovalados tienen una textura suave y brillante; su gran labelo tiene flecos y una delicada pigmentación en el centro, con rayas o motas de un color diferente.

FLOR 5 cm de anchura
TAMAÑO 15 cm de altura
TAMAÑO DE MACETA 10 cm
TEMPERATURA Fría

Coelogyne

Estos dos géneros suelen agruparse por tener unas características de crecimiento similares. Las plantas que los forman son pequeñas y de hoja perenne, y florecen entre primavera y verano. Se cultivan sobre sustrato de cortezas en maceta o en cesto colgante y necesitan sombra durante el verano, más brillo en otoño y plena luz en invierno. Deben regarse y fertilizarse bien en primavera y a principios de verano, y necesitan una temperatura mínima de 10 ºC y máxima de 30 ºC.

y Encyclia

Coelogyne **Memoria William Micholitz «Burnham»**

FLOR
9 cm de anchura

TAMAÑO
45 cm de altura

TAMAÑO
DE MACETA
18 cm

TEMPERATURA
Fría

Esta orquídea de maravillosos colores, con el blanco reluciente de sus pétalos y sépalos y el tono dorado del labelo, es un excepcional cruce de un género que no ha producido demasiados híbridos notables. Produce una planta grande con pseudobulbos robustos en forma de cono y un par de hojas ovaladas. Florece en primavera y a principios de verano y de cada tallo pueden brotar hasta 6 flores.

Coelogyne ochracea

Una de las especies más bonitas de este género. Tras unas semanas de reposo en invierno, vuelve a crecer a partir de la base y desde el centro brota un tallo floral. De él nace hasta una docena de aromáticas flores de color blanco inmaculado, cuyos labelos ostentan un hermoso estampado marrón, naranja y amarillo.

FLOR
2,5 cm
de anchura

TALLO FLORAL
20 cm
de longitud

TAMAÑO
30 cm de altura

**TAMAÑO
DE MACETA**
15 cm

TEMPERATURA
Fría

Coelogyne fuscescens

Esta especie de flores diminutas es perfecta para el alféizar de la ventana, en donde nunca se saldrá de su maceta. Nativa de India y Nepal, fue descrita por primera vez en 1830. Sus pseudobulbos ovalados portan dos hojas entre las que brota una sola flor cuyo labelo lleva unas bonitas marcas. Si la planta es grande, en otoño estará cubierta de flores. Se deja dividir bien cuando el espacio es limitado; si le permite crecer, cubrirá la maceta con una densa mata de tallos.

FLOR 3 cm de anchura
TAMAÑO 30 cm de altura
TAMAÑO DE MACETA 10 cm
TEMPERATURA Fría

Coelogyne mooreana «Brockhurst»

FLOR
9 cm de anchura

TALLO FLORAL
45 cm de altura

TAMAÑO
DE MACETA
18 cm

TEMPERATURA
Fría

El nombre científico de esta orquídea que se descubrió en 1906 se debe a F. W. Moore, botánico de los jardines Glasnevin de Dublín. Se trata de una de las especies de mayor tamaño de su género: produce unas espectaculares flores de color blanco virgen con anchos pétalos y sépalos; su labelo tiene una vistosa mancha amarilla en el centro. «Brockhurst» es una planta elegante y robusta con pseudobulbos en forma de cono y dos hojas estrechas de color claro; no permita que los pseudobulbos lleguen a marchitarse.

Coelogyne barbata

Esta especie de considerable altura se
hizo popular a partir de 1878, cuando
se enviaron los primeros ejemplares a
Inglaterra procedentes de las montañas
septentrionales de la India. Produce unos
pseudobulbos en forma de huevo que
en la parte superior llevan dos hojas
oscuras, ovaladas y estrechas entre
las cuales aparecen los tallos florales.
Sus flores blancas, grandes y relucientes
tienen un labelo castaño oscuro con
flecos negros. Florece en invierno:
las flores se abren de forma sucesiva
y la primera se mantiene fresca hasta
un tiempo después de que se haya
abierto la última.

FLOR
5 cm de anchura

TAMAÑO
30 cm de altura

**TAMAÑO
DE MACETA**
15 cm

TEMPERATURA
Fría

Encyclia lancifolia

Esta bonita especie mexicana, muy aromática, se encuentra entre un grupo de orquídeas cuya flor es de un color blanco cremoso y está coronada por un labelo con forma de concha. Sus largos pétalos y sépalos cuelgan de forma lánguida por debajo del labelo. La planta es compacta y tiene unos pseudobulbos cortos acompañados de dos hojas claras entre las que crece un tallo erecto. Gracias a su reducido tamaño y sus interesantes flores, es una especie ideal para el cultivador aficionado.

FLOR
2 cm
de anchura

TALLO FLORAL
15 cm
de longitud

TAMAÑO
18 cm de altura

**TAMAÑO
DE MACETA**
12 cm

TEMPERATURA
Fría

Encyclia radiata

Cultivar esta *Encyclia* es una delicia: produce unos esbeltos pseudobulbos dotados de un par de hojas y un tallo del que brotan hasta doce alegres florecillas. Originaria de Guatemala, Honduras y México, esta orquídea puede dejarse crecer durante mucho tiempo porque pocas veces pierde las hojas y luce durante muchos años sin necesidad de que el cuidador la divida. Florece en verano.

FLOR
2 cm de anchura

TALLO FLORAL
15 cm de longitud

TAMAÑO
18 cm de altura

TAMAÑO DE MACETA
12 cm

TEMPERATURA
Fría

Encyclia **Sunburst**

Una planta ideal para el alféizar de la ventana: nunca se vuelve grande y florece con facilidad en verano, cuando maduran los pseudobulbos; en invierno necesita reposo. Es una de las híbridas creadas a partir de la brillante E. *vitellina* (*véase* pág. 190) y la muy aromática E. *radiata* (*véase* pág. 183). El cruce, efectuado por primera vez en Hawái en 1962, genera unas flores duraderas sobre un tallo muy erguido. Al abrirse son de un delicado tono albaricoque que con el paso de los días se va rebajando hasta ser blanco cremoso.

FLOR
3 cm de anchura

TALLO FLORAL
15 cm de altura

TAMAÑO DE MACETA
10 cm

TEMPERATURA
Fría

Encyclia brassavolae

Entre las *Encyclia* hay un grupo que da unas flores muy alargadas sobre un tallo que crece en el vértice del pseudobulbo; una de las más vistosas es *E. brassavolae*, que florece en verano. A partir de sus pseudobulbos espigados crecen dos hojas ovaladas y estrechas y un tallo erguido donde brotan hasta doce flores de color verde claro; la punta de su ovalado labelo blanco es de un tono malva rosado. En una maceta, los pseudobulbos no tardan en ocupar toda la superficie; es mejor cultivarla en un cesto de listones de madera colgado del techo.

FLOR
4 cm de anchura

TALLO FLORAL
30 cm de altura

TAMAÑO DE MACETA
15 cm

TEMPERATURA
Fría

Encyclia vitellina

Esta especie es única entre las *Encyclia* por sus flores de color bermellón brillante. Sus pétalos y sépalos son ovalados y están espaciados de modo uniforme, y su pequeño labelo, con forma de pico de pato, es anaranjado. El tallo normalmente se mantiene erguido sobre la planta y porta hasta una docena de flores que se abren a finales del verano o durante el otoño. Es una planta oriunda de México y fue descrita por primera vez en 1833.

FLOR
2 cm de anchura

TALLO FLORAL
15 cm de altura

TAMAÑO DE MACETA
8 cm

TEMPERATURA
Fría

Encyclia cochleata

Muchas especies del género *Encyclia* tienen un labelo que corona la flor. Ésta se conoce con el nombre de «orquídea *cockleshell*» (concha de berberecho), pero también recibe el de «orquídea pulpo» en alusión a sus pétalos largos y lacios que parecen tentáculos. Las flores, verdes y oscuras, se abren en una sucesión que puede durar semanas o meses sobre un pseudobulbo. Una orquídea excelente para principiantes: comienza a florecer cuando la planta aún es muy joven, da un sinfín de flores de aspecto exótico y, al alcanzar la madurez, florece de forma perpetua.

FLOR
3 cm de anchura

TAMAÑO
30 cm de altura

TAMAÑO DE MACETA
12 cm

TEMPERATURA
Fría

Dendro

Este género de orquídeas ha evolucionado hasta dar tipos distintos de planta. Las híbridas de tipo *Dendrobium nobile*, también denominadas «orquídeas bambú», ofrecen unos pseudobulbos altos y articulados que los cultivadores llaman «cañas». Cada uno de los tallos florales produce dos flores en primavera. El rápido crecimiento que experimentan en verano va seguido de un reposo invernal. Se benefician de una temperatura de hasta 30 °C en verano y una mínima nocturna de 10 °C en invierno. Las *Dendrobium* de tipo *Phalaenopsis* también poseen pseudobulbos alargados, de cuya mitad superior crecen los tallos florales. Necesitan luz, calor (una mínima invernal de 13 °C) y humedad.

bium

Dendrobium **All-Seasons Blue**

Creada en Tailandia en 1995, ésta es una de las muchas híbridas procedentes de las *Dendrobium* australianas de caña dura. Los tallos florales brotan en otoño del nudo terminal de sus cañas, las más rígidas de las cuales no requieren sujeción para permanecer erguidas. Los pétalos y sépalos, espaciados de forma proporcional, están totalmente abiertos, mientras que el labelo, de un color similar, es pequeño y delicado.

FLOR
4 cm de anchura

TAMAÑO
30 cm de altura

**TAMAÑO
DE MACETA**
15 cm

TEMPERATURA
Intermedia

Dendrobium **Dale Takiguchi**

Esta atractiva híbrida de tipo *Phalaenopsis* ilustra la belleza de las flores pálidas que pueden producirse a partir de las formas blancas o albinas de la especie. Se trata de una *Dendrobium* de caña dura cuyos altos pseudobulbos, de extremo puntiagudo, pueden pasar dos o tres años sin perder las hojas ovaladas que cubren sólo la mitad superior de la planta. La floración llega en primavera y verano, cuando se producen unos ramilletes de flores encantadoras que se mantienen en un estado perfecto durante semanas.

FLOR 6 cm de anchura
TAMAÑO 40 cm de altura
TAMAÑO DE MACETA 15 cm
TEMPERATURA Intermedia

Dendrobium miyaki

Esta hermosa especie filipina se caracteriza por desarrollar unas cañas largas y arqueadas en las que brotan hojas a lo largo de toda su extensión. Tras el reposo invernal, de los nudos laterales crecen en primavera ramilletes de flores cuyo color se encuentra entre el rosa y el malva. Hay que rociar y mantener bien regada la planta en verano, mientras se desarrollan las cañas; también es importante que tenga buena luz. Cuando las cañas envejecen, alcanzan la madurez y dan flores una temporada tras otra. La forma de cultivarlas es en un cesto colgado cerca de una ventana.

FLOR
1 cm de anchura

TAMAÑO
30 cm de altura

**TAMAÑO
DE MACETA**
10 cm

TEMPERATURA
Intermedia

Dendrobium **Oriental Paradise**

Híbrida de tipo *Dendrobium nobile* que exhibe unas flores grandes y de forma redondeada con un labelo de proporciones iguales. Sus colores tonos rosa, malva, amarillos y blancos abarcan una gama casi interminable; cada híbrida posee una pigmentación irrepetible en la parte más vistosa del labelo. Dadas las infinitas variaciones cromáticas, lo mejor es seleccionar la planta en primavera, cuando esté en flor; así tendrá la seguridad de haber escogido los colores que más le gusten.

FLOR
6 cm de anchura

TAMAÑO
45 cm de altura

**TAMAÑO
DE MACETA**
15 cm

TEMPERATURA
Fría

Dendrobium **Tokunaga**

Una híbrida inusual creada a partir de una singular especie de Nueva Guinea. Su crecimiento es lento y genera unos pseudobulbos en forma de porra que poseen unas hojas terminales coriáceas. Sus extraordinarias flores son blancas con motas claras en la parte externa de los pétalos y poseen un pequeño y bonito labelo verde claro. Hasta 6 flores adornan un tallo suelto durante un período de hasta medio año. La fragante especie que domina este cruce es *D. atroviolaceum*.

FLOR 3 cm de anchura
TAMAÑO 30 cm de altura
MACETA 10 cm
TEMPERATURA Intermedia

Dendrobium senile

Las cañas de esta bonita especie enana procedente de Tailandia están cubiertas por una densa mata de pelillos blancos que forma una capa protectora. A partir de un corto tallo que nace junto a las hojas brotan, individualmente o por parejas, unas flores que reflejan la luz como si fueran de cera; tienen un color amarillo brillante y el centro del labelo es de color verde. Las hojas suelen caer al cabo de uno o dos años; la planta puede perderlas todas durante el reposo invernal, cuando necesita estar seca y a plena luz.

FLOR
2,5 cm de anchura

TAMAÑO
10 cm de altura

TAMAÑO DE MACETA
8 cm

TEMPERATURA
Intermedia

Dendrobium **Prima Donna**

Una híbrida de tipo *Dendrobium nobile* con
unas flores de lujo. Su especie paterna,
procedente de la India, ha tenido un
efecto drástico en estas flores de forma
redondeada y color realzado. A principios
de la primavera empiezan a despuntar
yemas a lo largo de las cañas maduras;
comience a regar en cuanto observe este
indicio de que ha comenzado el período
de crecimiento.

FLOR
8 cm de anchura

TAMAÑO
45 cm de altura

**TAMAÑO
DE MACETA**
15 cm

TEMPERATURA
Fría

Dendrobium **Superstar Champion**

FLOR
6 cm de anchura

TAMAÑO
45 cm de altura

**TAMAÑO
DE MACETA**
15 cm

TEMPERATURA
Fría

Un híbrido moderno de tipo *D. nobile* cuyas cañas no son largas y delgadas, como en la mayoría de las especies, sino cortas y robustas. En verano, las cañas crecen en unos pocos meses; la planta reposa después en invierno, período durante el que necesita poquísima agua; riéguela sólo si se marchitan las cañas. En primavera tiene lugar una explosión de capullos a lo largo de la caña más joven, y la planta queda cubierta de flores. Sus colores pueden variar desde el blanco hasta el rosa, pasando por el amarillo y tonos muy vivos entre rojo y malva, con contrastados dibujos en el labelo.

Dendrobium infundibulum

Una bella y elegante especie birmana que posee cañas altas cubiertas por una tupida capa de pelos negros. Las flores aparecen en grupos de tres o cuatro sobre unos tallos que nacen en el lado opuesto a la axila de cada hoja; las flores son grandes y del color del papel, con una parte amarilla en el centro del labelo. Es una de las *Dendrobium* más fáciles de cultivar y florece a la perfección si recibe toda la luz y el agua necesarias, además de un ambiente húmedo en su período veraniego de crecimiento.

FLOR 10 cm de anchura
TAMAÑO 45 cm de altura
TAMAÑO DE MACETA 12 cm
TEMPERATURA Fría

Dendrobium **Tancho Queen**

Este híbrido de *D. nobile* presenta las cañas típicas que se dividen en módulos. En este grupo de orquídeas, florecen las cañas más jóvenes mientras todavía poseen hojas. Se trata de una de las híbridas de colores más claros: en el interior de su hermoso contorno redondeado, los blanquísimos pétalos y sépalos contrastan con el disco casi negro que hay en el centro de un labelo grande y poblado de flecos.

FLOR
6 cm de anchura

TAMAÑO
45 cm de altura

**TAMAÑO
DE MACETA**
15 cm

TEMPERATURA
Fría

Dendrobium **Thongchai Gold**

Una de las híbridas de flor dorada desarrolladas en Tailandia. Su labelo rojo y malva efectúa un contraste excepcional con los pétalos, que tienen la base estrecha y la punta redondeada; los sépalos, de menor tamaño, tienden a exhibir un color más claro. Las flores son duraderas y brotan de tallos que, a su vez, nacen en la mitad superior de las cañas.

FLOR
5 cm de anchura

TAMAÑO
30 cm de altura

TAMAÑO DE MACETA
12 cm

TEMPERATURA
Intermedia

Dendrobium nobile var. cooksonii

La flor de esta vistosa variedad de *D. nobile* ostenta las tonalidades rosadas propias de este tipo de orquídeas, pero, además, el dibujo del labelo se repite en los pétalos laterales. Pueden brotar flores por toda la extensión de sus cañas más jóvenes, pero sólo en manos de un cultivador experto. En invierno, la planta necesita reposar en seco; si se empieza a regar antes de que se desarrollen totalmente los capullos, éstos no se convertirán en flores sino en unas yemas adventicias.

FLOR
5 cm de anchura

TAMAÑO
45 cm de altura

TAMAÑO DE MACETA
15 cm

TEMPERATURA
Fría

Dendrobium nobile var. *virginale*

Esta blanquísima especie india se cultiva desde hace más de 200 años. Produce unas cañas altas muy pobladas de unas hojas que se pierden al cabo de dos o tres años. Las flores nacen de una en una en tallos cortos y a pares por toda la caña más joven. Una de las variedades naturales de esta orquídea es esta encantadora forma albina que carece del usual tono rosado. Para que la parte superior de la planta no pese demasiado, coloque su maceta dentro de otra más grande con una capa de piedras en el fondo. La floración llega en primavera y dura tres semanas.

FLOR
5 cm de anchura

TAMAÑO
45 cm de altura

**TAMAÑO
DE MACETA**
15 cm

TEMPERATURA
Fría

Dendrobium victoria-regina

Las esbeltas cañas de esta especie pierden las hojas al cabo de dos o tres años y van arqueándose a medida que maduran. Por eso conviene plantar esta orquídea en macetas pequeñas o cestos en los que pueda desarrollar su hábito natural. Si no, ate las cañas en posición vertical: no afectará a la floración de la planta. Las florecillas malva brotan en grupos de dos o tres a partir de la mitad de las cañas; en una misma temporada pueden florecer varias cañas. Necesita una buena iluminación durante todo el año.

FLOR
2 cm de anchura

TAMAÑO
30 cm de altura

TAMAÑO DE MACETA
10 cm

TEMPERATURA
Fría

Cattleya

y similares

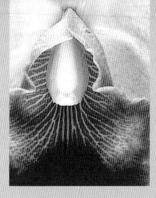

Esta familia lo forman un gran número de híbridos centrada en las catleyas y las laelias. De hoja perenne, las catleyas producen unos pseudobulbos en forma de porra que poseen una o dos hojas rígidas, gruesas y coriáceas. Sus aromáticas flores llegan a medir 12 cm de diámetro. La mayoría de las especies florecen en otoño o en primavera. Las laelias tienen pseudobulbos alargados y una sola hoja ovalada. Para interior escoja formas de menor tamaño y hágales llegar toda la luz filtrada posible. Necesitan una temperatura de 13 °C en las noches de invierno y una máxima de 30 °C en verano.

Cattleya **Little Miss Charming**

Algunas de las primeras orquídeas tropicales que se cultivaron fueron catleyas, que eran muy apreciadas por sus grandes flores. Las mejores se encuentran en las húmedas selvas tropicales de Brasil. En este híbrido, la flor está inusualmente abierta; sus estrechos pétalos y sépalos no se tocan ni se superponen, como sucede en otras flores más redondeadas. De sus largos tallos nacen dos o tres flores; los pseudobulbos altos y esbeltos poseen una sola hoja ovalada.

FLOR
10 cm de anchura

TAMAÑO
30 cm de altura

TAMAÑO DE MACETA
15 cm

TEMPERATURA
Intermedia

Cattleya **Hawaiian Wedding Song**

Una híbrida 100 % catleya de creación americana cuyos pétalos han desarrollado tantos volantes y un tamaño tan grande que tiene una forma casi indefinida, por lo que la flor pierde parte de la redondez que caracteriza a estos adorables cruces. Sin embargo, el labelo está bien definido y exhibe una garganta muy amarilla y unos flecos perfectos en el borde. Esta moderna híbrida es una de las que sólo presenta una hoja coriácea y ovalada.

FLOR
12 cm
de anchura

TAMAÑO
38 cm de altura

**TAMAÑO
DE MACETA**
15 cm

TEMPERATURA
Intermedia

Cattleya **Sir Jeremiah Coleman**

Un exponente supremo de los frutos que ha dado la búsqueda del inusual color azul en las catleyas. Fue creada en Estados Unidos en 1976 y la bautizaron en honor a un eminente cultivador de catleyas híbridas azules de principios del siglo xx. Ha prestado muy buenos servicios en la creación de catleyas azules durante años. Sus pétalos y sépalos son de un tono azul semimate, mientras que su labelo con flecos es malva en el borde y amarillo en el centro. Se deja cultivar bien; sus esbeltos pseudobulbos portan un par de hojas estrechas y ovaladas en el ápice.

FLOR
10 cm de anchura

TAMAÑO
30 cm de altura

**TAMAÑO
DE MACETA**
15 cm

TEMPERATURA
Intermedia

Laeliocattleya **Veldorado «Polka»**

La diversidad de color que reina en las híbridas intergenéricas de *Laelia* y *Cattleya* queda bien ilustrada en este soberbio cruce producido hace pocos años en Francia. Del tallo brotan hasta tres flores muy aromáticas cuyos pétalos amarillos contrastan vivamente con las matizadas tonalidades rubí del labelo y con las vetas doradas que corren hacia el centro de éste. La planta florece cuando el pseudobulbo de la temporada culmina su desarrollo, cosa que suele suceder en otoño. Para prolongar la floración, apártela de la luz intensa mientras esté en flor y manténgala más bien seca.

FLOR
12 cm
de anchura

TAMAÑO
38 cm de altura

TAMAÑO DE MACETA
15 cm

TEMPERATURA
Intermedia

Laeliocattleya **Drumbeat**

La primera combinación de *Laelia* y *Cattleya* se efectuó en 1887. Desde entonces se han logrado muchos otros cruces que han producido variedades de floras bellas y grandes, que ofrecen un vistoso espectáculo de tonos blancos, amarillos, rosa lavanda o púrpura. Algunas florecen en primavera y otras en otoño, en función de cuáles sean sus progenitores. *Lc.* Drumbeat tiene un aroma deliciosa y unas flores de formas redondeadas con volantes en los bordes.

FLOR
15 cm de anchura

TAMAÑO
38 cm de altura

TAMAÑO DE MACETA
15 cm

TEMPERATURA
Intermedia

Laeliocattleya **Elizabeth Fulton «La Tuilerie»**

Creada en 1977 en Estados Unidos, esta orquídea de ricos colores es el resultado de un cultivo selectivo que ha durado generaciones. Su color cobrizo es una novedad bienvenida en el ya extenso rango de colores que se registra en este género. Los sépalos y pétalos de esta híbrida ostentan la forma ideal de este género, que el labelo complementa a la perfección con un color diferente. Se trata de una planta que se deja cultivar bien: sus pseudobulbos son esbeltos y poseen una única hoja, y todas las flores nacen por encima del follaje en otoño; normalmente son dos, aunque también pueden darse una sola o tres.

FLOR
12 cm de anchura

TAMAÑO
38 cm de altura

TAMAÑO DE MACETA
15 cm

TEMPERATURA
Intermedia

Laeliocattleya **Persepolis**

En una gran combinación de las cualidades de los dos géneros que la han originado, esta híbrida ofrece una flor excepcional con todo el atractivo, las hermosas formas y la delicada pigmentación de pétalos y sépalos típica de *Cattleya*, cuya influencia también se percibe claramente en el labelo magenta. Persépolis ha desempeñado un papel importante en la obtención de nuevos híbridos, la mayoría de los cuales producen flores blancas en verano. Se trata de una planta fuerte y robusta, con una hoja gruesa y coriácea.

FLOR
15 cm de anchura

TAMAÑO
38 cm de altura

TAMAÑO DE MACETA
15 cm

TEMPERATURA
Intermedia

En invierno estas orquídeas necesitan toda la luz ambiental posible, pero a principios de la primavera los rayos del sol pueden quemar los tiernos tejidos de sus hojas; en cuanto el sol comienza a ganar fuerza necesitan estar protegidas de la luz solar directa.

Epicattleya **Siam Jade**

FLOR
5 cm de anchura

TAMAÑO
10 cm de altura

**TAMAÑO
DE MACETA**
10 cm

TEMPERATURA
Intermedia

Las epifitas *Encyclia* (*véanse* págs. 146-155) están emparentadas de cerca con las catleyas y han contribuido con su granito de arena a esta clase de híbridas. Cuando una *Epidendrum* se cruza con catleyas, emergen plantas con combinaciones de colores tan desacostumbrados e impresionantes como los de esta híbrida de color verde claro. Sus pétalos y sépalos tienen una textura más gruesa que la de otras catleyas, y su atractivo labelo de color crema es casi rígido. Es una planta pequeña de pseudobulbos cortos; su floración es variable, aunque tiende a tener lugar en primavera.

Epicattleya El Hatillo «Santa Maria»

Esta elegante orquídea combina las cualidades de dos géneros. El progenitor dominante, de género *Encyclia* (*Epidendrum*), influye en la forma de la flor, mientras que el color del labelo es típico de *Cattleya*. La planta tiene unos pseudobulbos esbeltos y alargados con un par de hojas estrechas entre las que emerge muy erguido el tallo floral. De éste brotan cuatro o cinco aromáticas flores de un verde claro y cremoso que contrasta mucho con el color del labelo. A esta planta le gusta que el ambiente sea cálido y luminoso durante todo el año.

FLOR
5 cm
de anchura

TAMAÑO
10 cm de altura

**TAMAÑO
DE MACETA**
12 cm

TEMPERATURA
Intermedia

nopsis

Ningún género es tan fácil de cultivar ni florece
con tanta regularidad como *Phalaenopsis*. La
mayoría de las orquídeas crecen de un rizoma
central y poseen hojas ovaladas y carnosas.
Las especies híbridas modernas no florecen
en ninguna estación concreta. Las flores duran
semanas en perfecto estado, y después se puede
recortar el tallo hasta un nudo inferior para
activar el crecimiento de otro tallo. Prefieren la semisombra
en un ambiente cálido, con una mínima de 18 °C.

Phalaenopsis **Paifang's Golden Lion**

Su espeso estampado de leopardo sobre una base clara genera la impresión de un color entre púrpura y rosa. Los pétalos laterales se dividen a lo largo de la vena central, bajo la cual se intensifica el color. Este exquisito cromatismo sólo se encuentra en este tipo de híbrida, en cuyos cortos tallos brotan flores brillantes con reflejos céreos. Las flores se abren de forma sucesiva y permanecen abiertas durante bastante tiempo. Cuando las flores maduras se marchitan, se abren otros capullos en el mismo tallo.

FLOR
8 cm
de anchura

TALLO FLORAL
23 cm
de longitud

TAMAÑO
20 cm de altura

TAMAÑO DE MACETA
12 cm

TEMPERATURA
Cálida

Phalaenopsis **Culiacan**

Una flor con sépalos color perla y un refinado labelo amarillo que forma un hermoso contraste. Su aspecto tal vez se acerque al de la especie original que tanto fascinaba a los primeros exploradores, que llegaron a escalar hasta lo alto de árboles gigantescos en las Filipinas. Esta híbrida creada en Francia es el último fruto de una larga estirpe con pedigrí puro que ha mantenido intacto el color original.

FLOR 9 cm de anchura
TALLO FLORAL 75 cm de longitud
TAMAÑO 30 cm de altura
TAMAÑO DE MACETA 12 cm
TEMPERATURA Cálida

Phalaenopsis **Little Skipper**

Perteneciente a un bonito grupo conocido como *Little Guys*, esta diminuta híbrida produce numerosas flores varias veces al año. Su floración puede ser casi perpetua, ya que produce un tallo nuevo antes de que el anterior haya perdido las flores.

El color principal de este grupo es el rosa, solo o en combinación con el blanco, con labelos de un rojo más intenso. Sus tallos se arquean con una gracia natural, pero pueden llegar a doblarse demasiado si no se les da soporte; la floración principal se da en otoño e invierno.

FLOR
5 cm de anchura

TALLO FLORAL
23 cm de longitud

TAMAÑO
12 cm de altura

**TAMAÑO
DE MACETA**
15 cm

TEMPERATURA
Cálida

Phalaenopsis **Brother Buddha**

Las híbridas Brother son el resultado de una nueva oleada de cruces provinente de Taiwan; ésta se originó en 1992 en el centro Brothers Orchid Nursery. Sus flores amarillas son pequeñas, pero lo compensan con unos espléndidos colores y estampados. Las plantas también son de un tamaño exiguo y los tallos son de longitud escasa, con pocas flores en cada uno. En lugar de colgar de tallos arqueados como sucede en las variedades blancas, rosadas y rojas, las flores de esta híbrida aparecen en disposición horizontal.

FLOR
6 cm de anchura

TALLO FLORAL
25 cm
de longitud

TAMAÑO
30 cm de altura

**TAMAÑO
DE MACETA**
12 cm

TEMPERATURA
Cálida

Phalaenopsis **Hawaiian Darling**

Esta deliciosa híbrida moderna nació en Hawái, donde están surgiendo muchas nuevas variantes. Sus motas rosa y malva aparecen en los sépalos inferiores, que en parte quedan ocultos detrás de los orbiculares pétalos. Esta flor predominantemente blanca tiene un ligero tinte rosado que procede del tono dominante en uno de sus progenitores híbridos. La tendencia del tallo a arquearse dispone las flores, que permanecen abiertas durante semanas, en una cascada. Florece dos o tres veces al año.

FLOWER
6 cm de anchura

TAMAÑO FLORAL
75 cm de longitud

PLANT SIZE
30 cm de altura

**TAMAÑO
DE MACETA**
12 cm

TEMPERATURA
Cálida

Phalaenopsis **Lipperose**

Esta híbrida de delicados colores se originó en Alemania en 1968 y fue la primera de una larga familia de híbridas rosadas muy populares hoy en día. Adelantada para su época, esta orquídea de suaves tonos fue considerada como un avance revolucionario en el cultivo de *Phalaenopsis* híbridas de calidad, que a la sazón estaba dominada por las flores blancas. Si la planta se salta una floración pero está bien cuidada, puede tratar de forzarse un segundo período de floración rebajando la temperatura mínima durante unas semanas, con lo que se suele lograr que el tallo floral entre en actividad.

FLOR
8 cm de anchura

TAMAÑO FLORAL
30 cm
de longitud

TAMAÑO
30 cm de altura

**TAMAÑO
DE MACETA**
12 cm

TEMPERATURA
Cálida

Phalaenopsis **Yellow Treasure**

Ésta es una de las híbridas de color amarillo claro. Es uno de los últimos cruces de este color forjados en la orilla asiática del Pacífico. Entre las híbridas de género *Phalaenopsis*, la gama amarilla varía desde un tono pálido que se degrada desde el centro de la flor hasta ser casi blanco en el borde, hasta el amarillo vivo de algunas híbridas que casi llega a ser dorado. Contrastan mucho con las flores de color lima, cuya visión resulta refrescante en los días más calurosos del año.

FLOR
8 cm de anchura

TALLO FLORAL
30 cm
de longitud

TAMAÑO
30 cm de altura

TAMAÑO
DE MACETA
12 cm

TEMPERATURA
Cálida

Phalaenopsis **Follett**

Los pétalos de esta hermosa híbrida lucen unos dibujos en forma de rayas y venas delicadas. El vivo color del labelo acaba de redondear la belleza de estas flores de bonitos contornos. Creada en California en 1933, esta híbrida es el fruto de un largo cultivo selectivo que tuvo el objetivo de producir ejemplares con un patrón de rayas parecido al de las barras de caramelo. Una vez maduras, las plantas producen unos tallos largos con ramificaciones abundantes; las primeras flores en abrirse son las de más abajo, y las siguientes lo hacen de forma sucesiva en menos de una semana.

FLOR
8 cm de anchura

TALLO FLORAL
75 cm
de longitud

TAMAÑO
30 cm de altura

**TAMAÑO
DE MACETA**
12 cm

TEMPERATURA
Cálida

Phalaenopsis **Hisa Lady Rose**

Nacida en 1988, esta especie híbrida es el fruto más reciente de una larga estirpe japonesa. Su flor tiene una hermosa forma y un color puro que combina gracia con calidad; el intrincado detalle del interior del labelo indica claramente qué hacer a los insectos polinizadores. Si reciben un buen cuidado, las *Phalaenopsis* viven muchos años sin crecer demasiado ni presentar dificultades. La planta regula su tamaño por sí misma, ya que las hojas viejas se pierden para dejar espacio a las nuevas.

FLOR 10 cm de anchura
TALLO FLORAL 75 cm de longitud
TAMAÑO 30 cm de altura
TAMAÑO DE MACETA 12 cm
TEMPERATURA Cálida

Phalaenopsis Fajen's Fireworks

Esta híbrida nació en el criadero Fajen's Orchids and Exotics de Florida en 1991, a partir de un pedigrí de origen francés. Las venas que atraviesan sus pétalos se transforman en delicadas motas al llegar a los sépalos inferiores, con lo que forman un fondo perfecto para resaltar la característica más vistosa de esta orquídea: el intenso color del labelo.

FLOR
8 cm de anchura

TALLO FLORAL
45 cm
de longitud

TAMAÑO
30 cm de altura

**TAMAÑO
DE MACETA**
12 cm

TEMPERATURA
Cálida

Phalaenopsis **Miss Print**

Las sutiles rayas que estrían la base pálida contrastan con el rojo encendido del labelo de esta popular orquídea de hermosas formas. Las híbridas, cuyas flores contienen rosa y blanco, siguen siendo las más populares entre los principiantes. Se han creado muchas especies pensadas para el cultivo en maceta, por lo que se venden con nombres distintos bastantes variedades muy parecidas.

FLOR 8 cm de anchura
TALLO FLORAL 45 cm de longitud
TAMAÑO 30 cm de altura
TAMAÑO DE MACETA 12 cm
TEMPERATURA Cálida

Phalaenopsis **Petite Snow**

Un cultivo selectivo a base de especies pequeñas ha engendrado esta menuda flor que brota en grupos numerosos de un tallo compacto. Esta joya ha heredado las cualidades de algunas especies rosadas de mayor tamaño; es ideal en hogares con un espacio limitado, o para formar parte de una gran colección. Como todas las flores se abren a un tiempo, el tallo se arquea de forma natural y necesita algo de soporte. No es inusual que brote más de un tallo de modo simultáneo, con lo que el espectáculo floral es excelente para una planta de este tamaño.

FLOR
5 cm
de anchura

TALLO FLORAL
23 cm
de longitud

TAMAÑO
15 cm de altura

TAMAÑO
DE MACETA
12 cm

TEMPERATURA
Cálida

Phalaenopsis **Sweet Memory**

Estas flores solitarias tienen un colorido muy rico formado por un conjunto de tonos oscuros sobre una base clara que contrasta con el intenso rojo del labelo. Las flores tienen una textura más pesada y una forma más abierta que otras híbridas más convencionales del género *Phalaenopsis*. Las plantas llegan a desarrollar hojas largas y tallos altos con ramificaciones que redundan en ofrecer una auténtica exhibición de color. El principal período de floración tiene lugar en verano.

FLOR
8 cm de anchura

TALLO FLORAL
60 cm
de longitud

TAMAÑO
38 cm de altura

**TAMAÑO
DE MACETA**
15 cm

TEMPERATURA
Cálida

Phalaenopsis **Pink Twilight**

Esta atractiva flor es un buen ejemplo de las híbridas que se obtienen cruzando generaciones sucesivas de especies rosadas de Filipinas. Pink Twilight tiene unas flores impresionante que brotan en limpia sucesión a ambos lados del tallo; éste se arquea bajo su propio peso cuando las flores se abren. La floración se produce dos o tres veces cada año y dura varias semanas. El intrincado detalle del labelo revela unos minúsculos motivos decorativos y una misteriosa forma que constituye un mensaje para el insecto polinizador. La hibridación ha perfeccionado en gran medida la decoración del labelo.

FLOR
8 cm
de anchura

TALLO FLORAL
30 cm
de longitud

TAMAÑO
30 cm de altura

**TAMAÑO
DE MACETA**
12 cm

TEMPERATURA
Cálida

Phalaenopsis **San Luca**

El inusual rojo intenso de esta excelente híbrida ha sido posible gracias a una gran dedicación por parte de sus cultivadores. Nacida en California, donde es posible acelerar al máximo el crecimiento de las plantas, esta especie de pétalos muy abiertos ofrece un gran contraste entre el efecto de rayas de caramelo de las venas y el tono rubí del labelo. Sus grandes flores brotan en el extremo de un largo tallo con módulos; una vez terminada la primera floración, se pueden activar otras en más ramas cortando el extremo del tallo a la altura de un módulo inferior.

FLOR
10 cm
de anchura

TALLO FLORAL
75 cm
de longitud

TAMAÑO
30 cm de altura

**TAMAÑO
DE MACETA**
12 cm

TEMPERATURA
Cálida

Phalaenopsis **Golden Bells**

Esta bella variedad se caracteriza por el intenso tono amarillo de las motas que destacan sobre el fondo amarillo pálido en una combinación tan agradable como inusual. El labelo blanco con centro rojizo redondea el aspecto brillante de esta orquídea que, como otras híbridas amarillas, produce unas flores de pequeño tamaño que mantienen su color durante todo el largo período de floración. El tallo es compacto y permanece erguido sin necesidad de soporte, por lo que esta planta resulta ideal para lugares donde el espacio esté limitado.

FLOR 6 cm de anchura
TALLO FLORAL 25 cm de longitud
TAMAÑO 20 cm de altura
TAMAÑO DE MACETA 12 cm
TEMPERATURA Cálida

Cuidado

de las

orquídeas

La mayoría de las orquídeas que se cultivan son plantas epifitas habituadas a un modo de vida aéreo, y sus raíces han evolucionado en consonancia con ello. Aunque una híbrida esté alejada de la especie original por varias generaciones de cultivo controlado, la planta y su raíz mantendrán la misma estructura que en estado salvaje: ésta es la principal diferencia que hay entre el cultivo de orquídeas y el de la mayoría de las demás plantas.

Sustrato para orquídeas

Los requisitos básicos que debe cumplir el sustrato o compost para orquídeas son que tiene que estar en un recipiente abierto y bien aireado y que el agua que contenga debe drenarse a través de él. Tiene que mantener fija la planta en la maceta y debe retener el agua y los nutrientes suficientes para que las raíces los absorban a un ritmo lento. Su descomposición debe ser lenta y tiene que ser razonablemente fácil y agradable de usar, además de fácil de conseguir. El material orgánico más utilizado que cumple todas estas condiciones es la corteza de pino o de abeto en virutas.

Existen algunas variantes del compost a base de corteza. Por ejemplo, puede añadirse una dosis de turba para mejorar la absorción de agua. Ello puede ser interesante para cultivar algunas orquídeas de raíces gruesas, como las especies *Cymbidium*, o también cuando sea necesario que la humedad sea más duradera en el sustrato. Otros sustitutos orgánicos para la turba son las cáscaras de haya, la fibra de cáscara de coco y la de helecho. Todos ellos pueden encontrarse en grandes establecimientos de jardinería y en tiendas especializadas.

Además, existen materiales sintéticos que constituyen un sustrato para orquídeas bueno. Uno de ellos es Rockwool, una fibra artificial que posee todas las cualidades de un buen sustrato, excepto por el hecho de que no puede aportar ningún nutriente. Las ventajas de este tipo de material estriban en que puede mantener la planta húmeda durante más tiempo sin el menor peligro de infección o putrefacción; al no haber descomposición lenta, el sustrato no varía al cabo de los años. La desventaja es que se hace imprescindible suministrar a las plantas la cantidad exacta de alimentación en una combinación equilibrada para un crecimiento estable. Hay dos tipos de Rockwool: absorbente y repelente al agua. Pueden emplearse mezclados o por separado, según el grado de retención de agua que se precise.

Otros materiales inertes también son adecuados para las orquídeas. Entre ellos se encuentran la espuma de horticultura (una mezcla de musgo seco y espuma para esponja) y la arcilla expandida (que se encuentra como bolitas). Ambos materiales son absorbentes, ayudan a retener el agua y permiten que circule aire entre las raíces. Sea cual sea el material utilizado, debe empaparse de agua antes de introducirse en la maceta y estar humedecido durante su uso. Si el sustrato está seco, tarda mucho en absorber agua y resulta difícil trabajar con él; además, puede dañar una planta recién trasplantada al retrasar el crecimiento de raíces nuevas.

Cuando vaya a elegir un sustrato para sus orquídeas, hágase aconsejar por el proveedor donde las haya adquirido. Trate de usar el mismo tipo de mezcla para todas las orquídeas; si al cabo de un tiempo una planta tiene problemas, estudie la posibilidad de cambiar su sustrato. Sin embargo, no cambie constantemente de sustrato con la esperanza de curar una planta enferma, porque la causa del mal puede ser otra y las cosas empeorarán si revuelve continuamente las raíces. (Para instrucciones para trasplantar orquídeas, *véase* pág. 297.)

Riego

Las orquídeas son plantas de crecimiento lento y, en muchos casos, viven durante años siguiendo un ciclo regular de crecimiento y reposo. Mientras las plantas crecen, necesitan que todas las raíces se mantengan humedecidas por igual, sin que el sustrato llegue a estar demasiado seco ni demasiado húmedo. De manera natural el sustrato para orquídeas debe garantizar que el agua circule por toda la maceta en cuestión de segundos y que se retenga sólo la cantidad de líquido para que las raíces lo absorban.

Es probable que el riego preocupe al principiante ya que, al no estar familiarizado con los pseudobulbos ni con este tipo de compost, no resulta obvio en qué momento necesita agua la planta. Aunque la superficie del sustrato parezca seca, puede estar bastante húmedo en el interior. Una buena forma de saberlo es levantar la planta para comprobar si es demasiado ligera; si continúa sin estar seguro, puede pesarla en la báscula de la cocina. Mientras acumula experiencia, se hará una idea sobre la frecuencia con la que tiene que regarla.

Tanto un riego excesivo como un riego insuficiente pueden provocar problemas. Si en un sustrato orgánico (de cortezas, por ejemplo) permanece demasiada agua durante cierto tiempo, ésta se estancará y el sustrato se descompondrá, y las raíces morirán por falta de aire. Las raíces de orquídea son valiosas y, una vez perdidas, puede pasar tiempo hasta que aparezcan otras nuevas. Cada pseudobulbo desarrolla sus propias raíces al inicio de la temporada de crecimiento, y la planta tiene que sustentarse sobre ellas hasta que crezcan otros pseudobulbos que desarrollen otras propias.

Es improbable que un pseudobulbo viejo que haya perdido las raíces desarrolle otras nuevas, y normalmente se marchitará. Si sus orquídeas crecen en sustrato artificial, el peligro de que se pudran las raíces es muy inferior; se pueden mantener humedecidas de forma permanente sin riesgo de irrigación excesiva.

Una planta que haya sufrido un riego insuficiente durante un período largo dejará de echar raíces nuevas, y las que ya tenga en la maceta terminarán por secarse y por morir. Una vez que las raíces dejen de captar agua para almacenarla en los pseudobulbos, éstos irán marchitándose a medida que se utilicen las reservas. Un pseudobulbo marchito puede deberse tanto a falta de riego como a exceso del mismo, pero si inspecciona el estado del sustrato podrá determinar la causa más probable del problema. Una planta con falta de riego se recuperará tras una buena irrigación, pero para salvar una que haya sufrido exceso de irrigación deberá trasplantarla y cuidarla durante tiempo.

La cantidad de agua que se debe dar en cada riego varía en función de cada orquídea. Una planta que haya llenado la maceta con una sólida bola de raíces ò que se haya salido de la maceta será difícil de regar porque la mayor parte del líquido rebosará por encima del borde del recipiente. Si en el sustrato solamente penetra un poco de agua, parecerá húmedo en la superficie pero el interior estará seco. Esto ocurre especialmente con las *Cymbidium*, que tienen raíces gruesas y pueden quedarse encajadas en la maceta en un par de años. Por otro lado, es fácil regar en exceso una orquídea recién plantada que esté rodeada de sustrato fresco y tenga pocas raíces. La mejor forma de regar una orquídea recién plantada es inundar varias veces la superficie hasta que retenga el agua suficiente para empaparse hasta el fondo de la maceta. Cuanto menor sea ésta, más a menudo necesitará que la rieguen.

Riegue las orquídeas desde arriba con una regadera de caña larga humedeciendo toda la superficie del sustrato. Preste atención al regar para que no llegue a estancarse hasta arriba de la maceta. Los pseudobulbos maduros no sufrirán ningún daño si les cae agua por encima y resbala entre ellos, pero no deje que entre agua en el conducto de un pseudobulbo que esté creciendo ni en la hoja central de una *Paphiopedilum*, porque podría pudrirse la base.

La forma más fácil de regar las orquídeas consiste en ponerlas en un escurridero dentro del fregadero de la cocina para que se desagüe el agua sobrante. Así, las orquídeas no se quedarán en un recipiente lleno de agua; si ello sucediera,

la base de la planta no se secaría al mismo tiempo que la parte superior y las raíces saldrían perjudicadas. Si no es posible cambiar de sitio las orquídeas para regarlas, colóquelas encima de un platillo vuelto del revés dentro de un recipiente para que el agua sobrante no caiga al suelo.

El mejor momento para regar las orquídeas es cuando la temperatura ambiental esté subiendo. En verano, si hace calor, puede hacerse a cualquier hora del día; en invierno, cuando probablemente el termómetro casi no suba, riegue solamente por la mañana. Cuando la temperatura empiece a bajar a última hora de la tarde o por la noche, toda el agua sobrante tiene que haberse secado. En verano tendrá que darle más agua a la planta porque ésta estará activa creciendo y transpirando; además, parte del agua se evaporará.

Eche un vistazo casi diario a las plantas; posiblemente las tendrá que regar una o dos veces a la semana, según el estado del sustrato. En invierno, algunas orquídeas estarán en reposo y otras se hallarán creciendo lentamente. Estas últimas necesitan estar ligeramente humedecidas, o sea que deberá regarlas ocasionalmente. Las que estén en período de reposo necesitarán sólo el agua suficiente para que los pseudobulbos no se marchiten, o tal vez nada en absoluto.

Use agua que esté a la temperatura ambiental. Guarde cierta cantidad de agua de lluvia o del grifo preparada para usarla en cualquier momento en que lo necesite. Las orquídeas prefieren agua blanda y, en algunas zonas en que el agua corriente es dura, puede ser mejor el agua de lluvia. No obstante, en las zonas urbanas donde el agua de lluvia está contaminada por la polución es más seguro emplear agua del grifo. El agua utilizada para humedecer el ambiente puede usarse desde la red de suministro, aunque no debe pulverizar directamente las orquídeas con agua dura porque pueden quedar sedimentos de cal.

Nutrición

En estado natural, las orquídeas epifitas reciben un diluvio diario durante su temporada de crecimiento, pero luego de la lluvia, el sol y los vientos garantizan un secado rápido de las plantas. En cada precipitación, el agua que se desliza sobre la corteza de los árboles arrastra muy pocos nutrientes (en forma de hojas en descomposición o de excreciones de pájaros) que quedan adheridos a las raíces o la base de las orquídeas. Ello constituye un complemento a la nutrición de estas plantas, que básicamente son bastante frugales.

El fertilizante artificial empleado con las orquídeas cultivadas debe elegirse en función del tipo de sustrato empleado. Las cortezas se descomponen con gran lentitud y generan un suministro de nutrientes estable durante un largo período de tiempo que, por sí solo, es suficiente para algunas orquídeas. Las plantas cultivadas en sustrato sintético se nutren exclusivamente del fertilizante artificial que se les suministre. Es mejor abonar las orquídeas con moderación: la sobrealimentación puede ser peligrosa, ya que las raíces pueden quemarse a causa de la acumulación de elementos químicos en el sustrato.

Se puede encontrar fertilizante equilibrado para orquídeas líquido o granulado en establecimientos especializados o centros de jardinería. El fertilizante líquido se vende en forma de concentrado y hay que diluirlo en varios litros de agua; si sólo tiene unas pocas plantas, tendrá que preparar demasiada cantidad cada vez. No ceda a la tentación de guardar el sobrante para utilizarlo durante un período largo de tiempo; haga una mezcla nueva en cada ocasión y deseche el resto. No guarde en botella el fertilizante líquido durante más de una temporada, porque su composición química puede variar ligeramente con el tiempo. El abono granulado puede prepararse en cantidades menores, sin que haga falta tirar nada.

El fertilizante para orquídeas puede estar hecho a partir de nitrato o de fosfato. Los de nitrato facilitan el desarrollo de la planta y deberían suministrarse desde el principio de la temporada de crecimiento hasta que éste se completa. Los de fosfato se emplean para facilitar la floración de una planta que haya culminado su crecimiento estacional. Cuando el pseudobulbo esté formándose y madurando, sustituya el abono de nitrato por uno de fosfato hasta entrar en la temporada de floración; no fuerce a la planta a florecer antes de tiempo.

La mejor forma de fertilizar la planta es regar la maceta con la solución directamente desde arriba. Sólo hay que abonar las orquídeas sanas; las plantas enfermas que hayan perdido las raíces no tendrán forma de absorber los nutrientes adicionales. Abone la planta siempre cuando el compost esté húmedo. Si añade fertilizante a un sustrato seco, es posible que no se disperse bien y pueden dañarse las raíces. Las orquídeas que estén sanas pero tengan amarillentas las hojas pueden adolecer de falta de nutrientes; en este caso, rociar el follaje directamente con abono líquido diluido puede servir para que la planta reverdezca.

No es necesario abonar la planta cada vez que la riegue. Para que no se acumulen sales en el sustrato, riegue solamente con agua al menos una vez entre cada fertilización. Así el sustrato estará limpio y se eliminará todo el abono sobrante.

Las orquídeas sólo necesitan fertilizante mientras están creciendo y activas. El principio del período de crecimiento depende, como siempre, de cada orquídea. Comience a abonar en cuanto detecte crecimiento activo, con raíces nuevas en la base, y continúe haciéndolo durante todo el verano. Vaya reduciendo la fertilización con la llegada y durante el otoño, y no abone más en cuanto llegue el invierno. Cuando termine la temporada de crecimiento y la planta esté reposando o creciendo muy poco, interrumpa totalmente el suministro de nutrientes a las orquídeas de hoja caduca (como las *Pleione*) y reduzca la dosis a las *Cymbidium* y las *Odontoglossum*.

Humedad ambiental

Hay que rociar con agua toda la planta, pero no como método alternativo de riego sino como una parte más de la rutina diaria. Humedezca el follaje con un vaporizador hasta que se formen gotitas de agua entre las hojas, pero sin que lleguen a deslizarse sobre ellas. Moje ligeramente todas las partes de la planta (incluida la base) excepto las flores. Durante el verano, ello servirá para refrescar las hojas y quitarles el polvo.

Las orquídeas de hoja perenne como las *Cymbidium*, *Odontoglossum* y *Cattleya* pueden rociarse con vaporizador durante casi todo el año. Las caducifolias (como las *Pleione*), en cambio, no deben rociarse casi nunca porque su follaje es más blando y en él aparecerán manchitas si permanece agua sobre las hojas durante varias horas; basta con vaporizarlas ligeramente los días soleados. Las *Phalaenopsis* y *Paphiopedilum* también necesitan una vaporización muy somera, y nunca debe correr agua sobre su brote central.

La humedad ambiental es imprescindible para el buen cultivo de las orquídeas porque ayuda a generar el ambiente correcto. Las plantas no sufrirán carencia de agua siempre y cuando sus raíces estén humedecidas de forma equilibrada durante el crecimiento. Si las orquídeas se colocan en bandejas de ventana llenas de piedrecillas o de bolitas de arcilla expandida sumergidas en agua, se generará suficiente humedad ambiental como para crear un microclima. Las jardineras para el interior también se pueden utilizar con bandejas llenas de piedras y agua. En los espacios interiores el control de la humedad se vuelve mucho más importante durante el invierno, debido a que el uso de la calefacción reseca más el ambiente; en ellos se puede utilizar un vaporizador durante casi todo el año.

Donde más difícil resulta equilibrar la humedad ambiental con la temperatura es en un jardín de invierno. Normalmente entra luz desde más de una dirección, lo que aumenta la fluctuación de la temperatura y puede provocar que el ambiente sea demasiado seco para las orquídeas. Si las mantiene todo el verano en un jardín de este tipo, deberá vaporizarlas con mucha atención y utilizar bandejas de ventana siempre que sea posible.

Luz y sombra

Las orquídeas necesitan luz, pero no la iluminación directa del sol. Sus hojas se han adaptado durante millones de años a las sombras desiguales que arroja la capa superior de la vegetación de su entorno natural. En una vivienda la luz normalmente entra desde una sola dirección, por lo que no hay un riesgo excesivo de que las orquídeas reciban demasiada luz a menos que estén cerca de una ventana expuestas directamente al sol. Para darles sombra, se pueden usar cortinas de rejilla o persianas. Las orquídeas pueden recibir los rayos del sol a primera hora de la mañana o a última de la tarde, cuando caigan sobre las hojas en un ángulo bajo y no las dañe; pero nunca deben exponerse al sol en verano a mediodía.

Orquídeas como las *Cymbidium*, *Dendrobium* y *Coelogyne* pueden aceptar más luz directa que las demás. Las *Phalaenopsis* y *Paphiopedilum* son las que necesitan más sombra, y deben estar siempre apartadas de la ventana o protegidas de la luz por otras plantas. Muchos creen que las cattleyas toleran mejor la luz, pero lo cierto es que se encuentran entre las que sufren más por la acción directa del sol, que en poco tiempo puede quemar sus carnosas hojas.

En invierno, las orquídeas tienen que recibir toda la luz disponible. La mayoría de ellas reposan durante este período porque en él maduran los pseudobulbos y los brotes que hayan crecido durante el verano. El momento más peligroso es el principio de la primavera, cuando la fuerza del sol aumenta cada día y la luz directa puede perjudicar a las orquídeas, que no han estado expuestas a ella durante todo el invierno. Es prudente tomar medidas para darles sombra antes de que corran riesgo.

Pueden colocarse las orquídeas en lugares distintos en verano e invierno según la luz que vayan a recibir. Un emplazamiento orientado al sur o al oeste, que puede ser ideal en invierno, recibirá demasiada luz en verano. Deberá trasladar las orquídeas a una ventana que dé al este o al norte durante esta estación, a menos que tome otro tipo de medidas para darles la sombra que necesitan. Tenga en cuenta que los árboles y setos del exterior pueden ofrecer algo de sombra en verano.

Trate de conseguir que las hojas mantengan un color verde bien intenso. Si una orquídea recibe demasiada luz o está expuesta directamente a los rayos solares, su follaje se vuelve de un color amarillento o rojizo. Si el sol quema una hoja, se pondrá marrón o negra por la parte expuesta directamente a los rayos. Sin embargo, las orquídeas que hayan vivido demasiado a la sombra o en una zona de la casa en la que no haya demasia luz tendrán el follaje de color verde oscuro y carente de brillo. Las hojas serán largas y lacias, y los pseudobulbos no habrán madurado lo suficiente como para producir un tallo floral.

Temperatura

En cuanto al cultivo, las orquídeas se dividen claramente en tres grupos según su tolerancia a la temperatura, la cual depende del hábitat natural de cada especie. La altitud del lugar de origen de las orquídeas es más importante que su posición global; otro factor crucial es si crecen en lo alto de la vegetación o cerca de la base de los árboles, entre las hojas caídas. Sea cual sea el hábitat de las orquídeas en estado natural, es posible que se encuentren en una región donde la temperatura baje de forma considerable por la noche, incluso en los trópicos; este período de enfriamiento les sirve para hacer frente luego a las horas del día en que la temperatura es más alta. También existen variaciones de temperatura entre verano e invierno, y en cada estación hay días más cálidos y más fríos en función de la meteorología y las horas de sol. Por eso es natural, e incluso imprescindible, que las orquídeas experimenten fluctuaciones de temperatura de un día a otro. Pueden crecer cómodamente entre 10° y 30 °C, temperaturas entre las que se cubren las necesidades de prácticamente todas las orquídeas cultivadas.

Si se exponen a temperaturas mayores o menores que éstas durante un tiempo prolongado, las orquídeas muestran signos de estrés, aunque un día ocasional muy cálido o muy frío no las dañará. Entre los instrumentos más útiles para el cultivo de estas plantas se hallan los termómetros que registran la temperatura máxima y la mínima del día, con los que podrá saber cómo ha estado el ambiente durante la noche o en su ausencia.

Una exposición prolongada a temperaturas extremas afectará al funcionamiento de las orquídeas, y su crecimiento se ralentizará hasta cesar por completo. Si en invierno viven en temperaturas inferiores a las recomendadas, en primavera tardarán más en producir brotes nuevos y perderán hojas. Las orquídeas sometidas a demasiado calor en verano responderán dejando de producir flores, aunque su crecimiento pueda parecer normal.

La mayoría de las orquídeas cultivadas son de temperaturas frías, como las *Cymbidium*, *Coelogyne*, *Odontoglossum* y muchas más, que necesitan una temperatura nocturna mínima de 10 ºC y una máxima diurna de 24 ºC. Las orquídeas intermedias precisan una temperatura mínima de 13 ºC en invierno y una máxima diurna de 30 ºC en verano, mientras que las de temperaturas cálidas requieren una mínima nocturna invernal de 18 ºC y una máxima diurna estival de 32 ºC.

Lo ideal es tener, si se dispone del espacio suficiente, las orquídeas de cada uno de estos tres grupos en habitaciones separadas para cumplir las necesidades térmicas de cada una. La mayor diferencia se produce en la mínima nocturna invernal; en verano no hay gran variación entre las temperaturas diurnas, que dependen de las condiciones naturales.

Para mantener una temperatura lo bastante alta durante el invierno, hay que utilizar algún medio de calefacción. La mayoría de los hogares tienen una temperatura ambiental suficiente, y resulta fácil caldear un jardín de invierno añadiendo un radiador a la calefacción normal. No someta las orquídeas de baja temperatura a un ambiente demasiado cálido durante la noche, ya que haría mella en la producción de flores. La producción de flores también correrá peligro si las orquídeas que requieren temperaturas intermedias o cálidas reciben demasiado frío.

Trasplantar y dividir

En general, las orquídeas adultas se trasplantan cada dos años por primavera, al principio de su período de crecimiento. El trasplantado consiste en sacar la planta de la maceta, tirar el sustrato viejo, recortar las raíces y plantarla en una maceta de mayor tamaño con sustrato nuevo. Para trasplantar una orquídea madura que haya crecido saliéndose de la maceta, considere la posibilidad de dividirla en varias plantas en lugar de usar un recipiente más grande. Las orquídeas jóvenes y las divisiones se replantan cada seis meses, en primavera y a principios de otoño. El replantado consiste en sacar con mucho cuidado la planta de una maceta y ponerla en otra más grande sin perturbar las raíces, y se hace cuando no es necesario cambiar el compost.

Una planta necesita trasplantarse cuando el sustrato se haya deteriorado y esté obturado con partículas en descomposición. Si puede hundir un dedo en el compost sin dificultad, es que el sustrato está roto, se ha quedado sin nutrientes y ya no está ventilado. Si la deja en este sustrato, la planta no tardará en perder las raíces porque al menos parte del agua de riego se quedará estancada en la maceta, y el compost se empapará. También hace falta un trasplantado cuando en la maceta ya no queda espacio para que la planta continúe creciendo y cuando las raíces están tan apretujadas que la planta se ha salido de la maceta. Otro posible motivo es que una planta esté enferma por un riego incorrecto y que sus raíces necesiten atención urgente. No trasplante las orquídeas que estén en flor o en reposo; espere hasta que empiecen a crecer.

El objetivo de todos los cultivadores de orquídeas es mantener sus plantas en armonía y equilibrio; en el caso de la mayoría de las orquídeas de hoja perenne, este estado ideal se da cuando hay varios pseudobulbos con todo su follaje. Con el tiempo, estas orquídeas pierden hojas —normalmente una o dos por temporada— hasta quedarse sin ninguna; cuando esto sucede, el pseudobulbo posee una reserva de nutrientes y puede servir para crear nuevas plantas. Una orquídea siempre debe tener más pseudobulbos con hojas que pseudobulbos sin hojas; si al cabo del tiempo se acumulan unos cuantos sin follaje, hay que cortarlos porque si no restringirán el crecimiento y los siguientes pseudobulbos comenzarán a ser de menor tamaño.

Las orquídeas que crezcan en más de un punto al mismo tiempo lo harán en direcciones distintas; estas plantas pueden dividirse siempre que en cada división puedan dejarse al menos cuatro pseudobulbos, la mayoría de ellos con follaje. Nunca divida una planta en porciones de menos de cuatro pseudobulbos, o se pasarán como mínimo un año más sin florecer. Por supuesto, puede dejar las plantas tal y como están si las está dejando crecer hasta el tamaño de un especimen siempre y cuando se preserve el equilibrio (esto es, que haya más pseudobulbos con hojas que sin ellas). Los pseudobulbos están unidos por un rizoma resistente que normalmente se encuentra bajo la superficie y no es fácil de ver.

Las orquídeas sin pseudobulbos no crecen hasta ocupar toda la maceta, pero necesitarán un trasplante cuando el sustrato se haya deteriorado o bien cuando lleven más de dos años en el mismo habitáculo. Las orquídeas que crecen mucho en altura pueden ser pesadas por la parte superior y, cuando hayan llenado la maceta de raíces, necesitarán un contenedor más grande. Las orquídeas de crecimiento lento (y, en especial, las *Phalaenopsis*) normalmente se replantan sin llegar a trasplantarlas para no perturbar las raíces. Si el sustrato se ha descompuesto, cámbielo antes de devolver la orquídea a un contenedor del mismo tamaño.

TRASPLANTADO

Antes de empezar, coloque unas hojas de periódico para recoger el compost usado y las raíces viejas. Tenga preparada cierta cantidad de sustrato humedecido, preferiblemente mojado el día anterior, unas cuantas macetas de mayor tamaño y material de drenaje, como copos de poliestireno. También necesitará tijeras normales o de podar, o bien un cuchillo muy afilado de tipo podadera. Estos instrumentos tienen que estar esterilizados, o sea que tenga a mano un mechero o una botella de alcohol de quemar para desinfectar las herramientas después de cada uso. Póngase guantes desechables si utiliza una fibra sintética como Rockwool o espuma de horticultura.

1 Saque la orquídea del recipiente poniéndola cabeza abajo mientras da golpecitos sobre la superficie de trabajo con el borde de la maceta. Si las raíces no están fijadas al contenedor, la planta se deslizará hacia fuera sin problemas. Si las raíces están muy enredadas, limítese a pasar el cuchillo por la cara interior de la maceta para desalojarlas.

2 Coloque la planta sobre el papel y examine las raíces: tienen que ser blancas y firmes al tacto, con puntas que muestren un crecimiento activo. Separe las raíces y recorte las que estén ennegrecidas y huecas. Las raíces muertas pueden estar húmedas y descompuestas, o pueden haberse secado; en este último caso se podrá pelar la capa exterior y quedará al descubierto el filamento del núcleo. Si todas las raíces están blancas y sanas, colóquela en una maceta que mida unos 5 cm más de diámetro.

3 Ponga una capa de material de drenaje en el fondo de la maceta y luego introduzca algo de sustrato. Coloque la orquídea apoyando los pseudobulbos más viejos contra un lado de la maceta; deje el máximo espacio entre las partes de crecimiento nuevo y el borde: ésta es la dirección en la que se extenderá la planta.

4 Sujete con firmeza la planta, con la base del crecimiento nuevo a la altura del borde de la maceta, y vierta sustrato nuevo alrededor de la planta hasta que ésta se mantenga estable. Afirme bien el compost si es de cortezas, pero si es de tipo Rockwool no lo apriete tanto. Los pseudobulbos deben posarse cómodamente en la superficie a unos 2,5 cm del borde, para que se pueda regar la planta sin inundar el compost llenando de agua la maceta hasta arriba.

Las orquídeas como las *Phalaenopsis*, que extienden algunas raíces aéreas por fuera de la maceta, pueden trasplantarse de esta forma, pero sin colocar las raíces aéreas dentro del compost. Estas raíces se sofocarían y morirían dentro de la maceta. Trasplántelas con cuidado para no romper las raíces aéreas. Conceda unos cuantos días a la planta para que se curen las raíces que se hayan dañado y luego riéguela con moderación; al cabo de una semana puede volver a regarlas con normalidad. Vaporice las hojas a menudo para reducir la pérdida de agua.

DIVIDIR ORQUÍDEAS GRANDES

1 Al replantar una planta grande en la que sea necesario practicar una división, sáquela de la maceta y decida por dónde quiere practicar la separación. Aparte los pseudobulbos con los dedos en el punto por el que haya decidido efectuar la división y, haciendo uso de una podadera, seccione el rizoma entre los pseudobulbos. Corte de una forma limpia las raíces hasta que consiga separar las dos partes.

2 Quite todo el sustrato viejo o descompuesto de la parte principal de la planta y separe las raíces amputando con unas tijeras todas las que estén muertas o rotas. Recorte las raíces vivas a una longitud aproximada de unos 15 cm. Recuerde que las orquídeas no echan raíces permanentes y, aunque este método parezca un tanto drástico, en realidad estimula la aparición de raíces nuevas y deja sitio libre en la maceta para que crezcan.

3 La parte principal de la planta puede devolverse a una maceta del mismo tamaño de la que tenía con anterioridad, o a una de un tamaño ligeramente mayor; hay que fijarse en que quede un espacio de 5 cm para que pueda crecer. Mantenga firme la planta y llene el espacio con sustrato. Después afírmelo bien para que la planta esté estable.

4 Cuando se ha dividido una planta en porciones iguales, trasplante las otras divisiones de la misma forma en macetas de tamaño adecuado. Las raíces de todos los bulbos sin hojas que se hayan eliminado habrán muerto de forma natural tras la pérdida de las hojas. Si desea utilizar bulbos que hayan perdido las hojas para propagar la planta, divídalos por separado y utilice sólo los que estén verdes y rellenitos. Corte las raíces muertas, dejando sólo la longitud de raíz suficiente para fijar cada bulbo en su recipiente, y plántelos en macetas separadas o alrededor del borde de una grande. Deseche los bulbos viejos y marchitos, pues no les quedan suficientes reservas para crecer.

Mantener sanas las orquídeas

Una orquídea sana debe tener unos pseudobulbos regordetes de buen tamaño que no disminuyan de tamaño, sino que aumenten, y con el mayor de ellos al frente. Como los pseudobulbos nuevos son los más importantes, resulta aceptable que por la parte posterior se vean marchitos los más viejos. En las orquídeas de hoja perenne, como las especies *Cymbidium*, la mayoría de los pseudobulbos deben tener hojas verdes y sanas que no estén lacias ni deshidratadas. Las raíces vivas tienen que ser abundantes: compruébelo sacando la planta de la maceta sin remover el sustrato. En un ejemplar de *Phalaenopsis*, las hojas deben ser firmes y de un verde ni demasiado claro ni demasiado oscuro, sin marcas ni deshidratación; en la maceta o por el borde deberían verse raíces. Nunca pueden tener menos de tres hojas.

Las plantas enfermas muestran señales de estrés. Los siguientes puntos le ayudarán a diagnosticar el problema.

• Si el follaje está rojizo o amarillento, la planta ha recibido demasiada luz en verano o no ha tenido suficiente fertilizante: colóquela en un lugar más sombreado y aumente su dosis de nutrientes hasta que las hojas vuelvan a estar bien verdes.

• La pérdida prematura de todas o la mayoría de las hojas en una orquídea de hoja perenne puede darse a causa de un exceso de riego, una fluctuación de temperatura muy severa o una combinación de condiciones dañinas. La orquídea puede tardar años en volver a disfrutar de buena salud: suele ser más aconsejable mejorar las condiciones para el cultivo y reemplazar la planta.

• Si se marchitan los pseudobulbos o las hojas de una *Cattleya*, *Phalaenopsis* u otra orquídea, puede haber deshidratación por falta de riego o por exceso del mismo. El exceso de riego produce la pérdida de las raíces, que habrán estado muy húmedas y precisarán unos cuidados delicados para sanar. Trasplante la orquídea a sustrato nuevo para que crezcan raíces nuevas. Las plantas con falta de riego necesitan más agua en la base. En este caso, un remojón de media hora en un cubo de agua devuelve a la vida a un pseudobulbo marchito al cabo de una semana.

• Si las puntas de las hojas se ponen negras, los factores que influyen en el cultivo están desequilibrados. Recorte las puntas con una herramienta esterilizada y cambie la planta de lugar. Una hoja con manchas negras puede haber sufrido la quemadura del sol; la parte afectada no se volverá a poner verde, o sea que elimínela.

Las orquídeas enfermas no producen flores a menos que estén tan débiles que inviertan sus últimas reservas en florecer antes de morir. El mejor consejo es disfrutar de las flores y luego sustituir la planta. Las orquídeas que parezcan sanas pero no florezcan probablemente habrán crecido en unas condiciones en general demasiado cálidas; tal vez en un lugar donde la temperatura no baja lo suficiente por la noche. Si la temperatura nocturna es demasiado alta

o hay demasiada sombra, las orquídeas de temperatura fría pueden desarrollar un crecimiento exuberante sin llegar a producir tallos florales. Reduzca la temperatura en la siguiente temporada para que florezca.

Las orquídeas *Phalaenopsis* pueden beneficiarse de una reducción estacional de la temperatura nocturna de hasta 10 ºC durante dos o tres semanas, que normalmente contribuye a la aparición de un tallo floral. Sin embargo, la mayoría de las orquídeas florece en una temporada muy definida y no hay que forzarlas a hacerlo fuera de ella. Las orquídeas que no hayan florecido durante algunos años, pero hayan estado sanas, producirán flores en cuanto las condiciones lo permitan. Los tallos florales de *Odontoglossum*, *Cymbidium* y otras orquídeas que producen muchas flores pueden combarse o enroscarse por su propio peso; sujételas a una caña de bambú para mantenerlas erguidas.

Inspeccione cada día sus plantas para comprobar que están hidratadas. Busque indicios de la aparición de tallos florales y marque su posición con una cañita para que no se rompan. Los tallos altos necesitan soporte cuando crecen, pero debe dejar que la parte superior del ramillete se arquee de forma natural. Cuando las flores languidezcan, quítelas antes de que caigan; corte por la base los tallos viejos. Este consejo no se aplica a las orquídeas *Phalaenopsis*: si la planta está fuerte, puede soportar un segundo tallo. Para prolongar la floración, corte el tallo viejo hasta un nudo inferior.

Plagas y enfermedades

Las orquídeas que crecen en un interior limpio sufren pocas plagas y enfermedades. Sin embargo, hay algunos parásitos que, si se detectan tarde, pueden llegar a amasar colonias numerosas que resultarán difíciles de erradicar. En la mayoría de los casos no hay que recurrir a métodos de control químico.

El pulgón es el parásito más común. Este insecto, que se alimenta de la savia de las plantas, entra por las ventanas en primavera y verano; se instala en los capullos y las yemas y produce manchas en las hojas jóvenes y deformidades en los brotes. Excreta una sustancia almibarada que se queda pegada a las hojas, en la que crece un moho negro. En cuanto vea pulgones, elimínelos con un chorro de agua; si queda alguno, quítelo con un pincel.

Otras plagas más difíciles de detectar son la araña roja, la cochinilla y la cochinilla harinosa. A la araña roja, que se asienta en el reverso de las hojas, le gusta la sequedad ambiental. Es muy pequeña y lo primero que se observa son sus daños: unas manchitas plateadas en los puntos en que ha chupado la savia de las hojas. Para erradicarla, adquiera un spray de jabón insecticida y trate todo el follaje una vez a la semana, hasta eliminar todas las arañas rojas y sus huevos. Las motas plateadas se pueden poner negras si las células muertas de las hojas se contagian de una infección de hongos.

Las cochinillas, de hasta 3 mm de longitud, pueden ser duras o blandas. Los adultos se recubren de un caparazón blanco o marrón y se quedan en un punto de la hoja, del que sólo se mueven cuando aparece una mancha amarilla. Pueden ser difíciles de quitar y, a veces, hay que frotarlos con un cepillo de dientes empapado de jabón insecticida. Los individuos jóvenes se mueven por la planta y su erradicación puede hacer necesarias varias sesiones.

La cochinilla harinosa es plana, mide hasta 3 mm de longitud y tiene una forma oval. Cubre su cuerpo rosado con una sustancia blanca harinosa y succiona savia de la hoja, dejando manchas blancas a su paso. Se esconde lugares inaccesibles entre las hojas y debajo de las brácteas. Elimínelo con un pedazo de algodón empapado en jabón insecticida.

En las orquídeas, las enfermedades suelen deberse a una prolongada falta de cuidados que termine por dejarla en un estado vulnerable. El mal más común es el virus mosaico de *Cymbidium*, que se manifiesta a través de la aparición de motas blancas en las hojas nuevas y acaba convirtiéndose en una infección fúngica. No se conoce su forma de transmisión y no tiene cura. Si sospecha que su planta está infectada, apártela de las demás hasta que muera.

Las hojas de las *Phalaenopsis* y los pseudobulbos verdes de las *Odontoglossum* pueden verse afectados por una bacteria que crean ciertas máculas acuosas que, al cabo de un tiempo, se secan y dejan una depresión marrón. Elimine estas partes y aplique azufre en polvo.

Índice